Marry Smart:
Get Man Of Your Dreams

嫁给潜力股

女人必读的**爱情投资胜经**

徐竹 著

图书在版编目（CIP）数据

嫁给潜力股：女人必读的爱情投资胜经／徐竹著．—北京：群众出版社，2012.3

ISBN 978－7－5014－4973－6

Ⅰ．①嫁…　Ⅱ．①徐…　Ⅲ．①爱情—女性读物

Ⅳ．①C913.1－49

中国版本图书馆CIP数据核字（2011）第273811号

嫁给潜力股：女人必读的爱情投资胜经

徐　竹　著

出版发行：群众出版社
地　　址：北京市西城区木樨地南里
邮政编码：100038
印　　刷：北京蓝空印刷厂

版　　次：2012年4月第1版
印　　次：2012年4月第1次
印　　张：6
开　　本：880毫米×1230毫米　1/32
字　　数：97千字

书　　号：ISBN 978－7－5014－4973－6
定　　价：24.00元

网　　址：www.qzcbs.com
电子邮箱：qzcbs@163.com

营销中心电话：010－83903254
读者服务部电话（门市）：010－83903257
警官读者俱乐部电话（网购、邮购）：010－83903253
文艺分社电话：010－83901350

Contents....

辑一 爱对了，就幸福！

辑二 钻石人生的八个爱情法则

辑三 不值得为之浪费爱情的七种男人

辑四 换爱的六个征兆

辑五 投资好男人，幸福一辈子！

辑一

爱对了，就幸福！

爱情是女人生命中最重要的投资之一，爱对了，幸福才会来临。在进行爱情投资前，先问问自己，你所期待的爱情是什么样子？这样你才能拟定适合自己的爱情策略！

你期望什么样的爱情？

爱情就像买卖股票一样，压对宝一步登天，下错筹码坠入万丈深渊。尤其女人的青春短暂，在选择男人之前，你必须清楚自己要的是什么——经验、财富还是快乐？

爱像什么？有一首歌是这样唱的：“爱像星期天的早晨，爱像拥抱着风……”当开始谈恋爱的时候，每个人都沉浸在爱情的幻想中，对未来怀抱着美好的想象，谁都不会想到有结束的一天。

每个人都渴望爱情，也歌颂爱情，却忘了爱情是所有人的感情中，风险最大的一种。当你掉进爱情的旋涡里，便开始了一场男人与女人的战争。

我们梦想着成为爱情城堡里的公主，没有人会希望自己是在城堡里打扫的女佣，但是你如何成为爱情里的赢家？这就要有清晰的脑袋跟理智来做选择，千万不能被感情蒙蔽了双眼，否则结局可能会让你大感失望。

因为爱情几乎是女人的全部，却只是男人的一部分；不管社会多么进步、女性地位如何提升，女人碰到了爱情依然得屈服于它，就算集事业、财富于一身的女强人，也有可能遇到烂桃花，从此毁掉一生。因此在投入一段感情之前，身为女人不得不更加小心谨慎。

爱情也是生命中的一种投资

如果把爱情当成人生中的一项投资，那么就像买卖股票一样，压对宝就可一步登天，下错了筹码则坠入万丈深渊。尤其是女人的青春短暂，在选择男人之前，特别需要“停、看、听”，想清楚了再决定。因为在爱情开始之前，女人手里还握有丰厚的筹码，要想善用这份优势，你就必须清楚自己要的是什么——经验、财富还是快乐？

你希望自己在未来的爱情里，成为身经百战的爱情女王，还是吃穿不愁的贵妇呢？或者你希望找到感情平淡，却可以一起白头到老的对象？

选择对象就像面对股市里众多的投资标的一样，你必须为自己设定好目标之后再下手，而不是一看到市场好就随手乱抓，所谓“满天全金条，要抓没半条”，光凭冲动跟感觉行事，最后倒霉的一定是自己，不只赔光，还会断头倒贴。毕竟女人的青春短暂，经不起挥霍。

如以投资理财来比喻对爱情的选择，那就要看你挑选到的是波动如心电图的“股票型”、高风险的“期货型”、“共同基金型”，还是“定存型”的男人了。

你期待的爱情是哪种模样

西方哲人爱得蒙说：“爱情是个人价值在他人身上的反应。”

通常我们会找的对象，不是跟自己有某些共通点，就是具有自己所缺乏的优点，就像懒惰的人通常会希望另一半勤快又积极；长得不够好看的人就希望另一半是帅哥（美女）；爱说话的人希望另一半是善于倾听而寡言的人物……我们都希望在伴侣身上找到谋合的特性，来满足自己生活的需要。这也如许多人所说，伴侣就像你的另一半灵魂，那个不完整的自己。

由于选择的对象可以反映出个人心理上的问题，所以当我们的观念不够正确时，往往会让自己身陷麻烦之中，一而再地找到对你不好或是折磨你的人。

你选择的是现实还是理想？

小青是一个爱画画的女生，她自知自己的才华不够，无法靠绘画为生，为了生活，她转行当了电脑绘图人员。之所以无法靠艺术创作为生，最主要的原因是她喜欢生活上的享受，实在无法忍受当一名画家可能会面对的那种穷困潦倒的生活。

在一次和朋友出游时，她遇到了“他”。这个男人已经是个知名的艺术家，他的雕塑作品正在著名的美术馆展览。小青被那些美丽的作品所吸引，因此当看到作品的主人时，立刻被他的谈吐所征服。很幸运地，在朋友的牵线之下，她跟这个男人交往了，正式成为他的女友。

男友才华横溢，不时接到各地画廊邀展，甚至包括海外。小青以他为荣，甚至愿意掏钱实现他的梦想。只要男友有工作上的需求，小青都愿意倾全力来帮助他。

没想到，这个有才华的男友跟小青在一起后，渐渐地对事业不那么积极了。原来，他所有事业上的努力不过是个借口，到后来生活几乎都得依赖小青。

两年过去了，小青不只花光了存款，还背了一身债，而男友的事业更是走下坡路。某天，她发现自己甚至连和朋友外出吃一顿大餐都消费不起时，沉重的经济压力让她在回家的路上终于忍不住崩溃地大哭起来。

在忍无可忍之下，她才清醒过来，原本她以为能在男友身上看到自己无法完成的美梦，最后却掉入了当初她想要逃避的梦魇。痛定思痛，她终于决心斩断这场自以为最美丽的爱情。

谈恋爱其实需要衡量自己的能力，现实跟理想是永远无法达到一个平衡点的。选择了理想就得面对现实的冲击，就像女主角当初的决定一样，即使得到了爱情也依然无法逃过这一关。

因此，在坠入情网前，要先想清楚自己要的是什么，是现实还是理想？然后做出正确的判断，你才有可能成为爱情的大赢家。

爱情投资教室

★认清自己，迎接真爱

唯有认清自己，才能决定你能拥有什么样的爱情。那些你求之不得的爱，有时候不过是一种补偿心理在作祟。当你试图从别人身上得到自己所缺乏的东西时，最后面临的可能是更残酷的考验。

不要企图改变对方

等你爱上对方再想去改变对方，塑造出理想中的情人，这是一种自欺欺人的做法，到头来伤害最深的还是自己。

歌德说：“男人爱女人是因为对方已经是他们所希望的样子；女人爱男人却是渴望将男人变成自己想要的样子。”

多半女性在一开始时会信心十足，认为只要有耐心，假以时日，一定可以让对方改变，但是百分之九十九的女人却都败在爱情这一关。“江山易改，本性难移”，可能那个男人暂时因为感动，或是不想失去你而表面敷衍，你还傻傻地以为对方真的不一样了。但只要时间一久，他们就会原形毕露，这时你已经投入太多青春跟精力，而变得骑虎难下了。

当爱情刚“发酵”时，女人还容易控制自己的情感。一旦投入情感之后，要脱身就非常地不容易，往往会一错再错，不断地原谅对方跟自己，找许多借口来掩饰残缺的爱情。你认为只要再给自己多一点儿时间，一定能改变对方，于是爱情在不断失望中耗尽能量，最后你将会发现这是一个永远不可能改变的事实。

等你爱上对方再想去改变对方，塑造出理想中的情人，这是一种自欺欺人的做法，到头来伤害最深的还是自己。

优点可能是种掩饰

小沛刚开始和男友在一起时，被他迷人的笑容跟沉默寡言的举止所打动，那时候的她认为不多话的男人很难得。因为小沛的个性很活泼又爱说话，男友懂得倾听她的声音，当个最好的听众，她觉得两个人再适合不过了。

小沛几乎把生活上的事情都讲给男友听，而男友也总是微笑地看着她，不发表任何意见。刚开始时，她还觉得男友很贴心，但是时间一久，她便慢慢地发现男友开始变得漫不经心，有时她话才讲到一半儿，他就开始忙自己的事情去了，好像完全不把她当一回事。

“等等，我话还没说完呢！”小沛常常抱怨。

“待会儿再说好吗？我还有更重要的事情。”

男友开始变得敷衍。不只如此，她还发现男友其实不是话少，当他跟其他朋友在一起时，经常是那个带来欢笑、话最多的人。这令小沛不禁怀疑，为什么男友对她跟对朋友的态度会判若两人呢？

没多久，果然被她发现到一个秘密：原来男友竟然在她之外还有第三者，而且这不是交往期间他第一次背叛劈腿。没想到男友竟然是个闷骚的男人，他的沉默只是想紧守住秘密，怕话说得太多而露出马脚罢了！

小沛知道这件事情后，当然和男友大吵了一架，几乎快要分手了。后来还是他答应小沛，发誓不会再有劈腿的事件发生，小沛才原谅了他。

事情表面上看似乎平息了，但是男友在她面前依然像个闷葫芦一样。有时她很想听听他的意见跟想法，可无论如何提问，总是得不到她想要的答案。她以为时间久了，男友会愿意慢慢地卸下“心防”，跟她共同分享她的内心世界。

没想到，最后等来的，却是无尽的沉默跟一次又一次的背叛。

一开始就选对对象

“牛牵到北京还是牛”，男人的转变除非是自愿的，否则别人永远改变不了他。为何不选择保险一点儿的方式，改变一下立场？你也可以像男人一样，把感情投资在“已经”是你所希望的伴侣身上，这不是更加轻松而有把握吗？

每个人欣赏的角度不同，你喜欢的男人类型你的朋友未必认同，而众所羡慕的型男却未必适合你。爱情的发生有着许多可能性，你必须在一开始就能克服情绪，以理智的态度去面对，才不会被爱冲昏头，爱上不该爱的男人。

爱情里包含着最甜美的果实，你却也得接受最苦涩的滋味。如果你对爱情总是忧心忡忡，一旦无法见到对方就开始疑神疑鬼，产生许多的不安全感，这样势必会影响到你的日常生活。爱应该是两个独立的个体彼此分享一切、共同成长，而不是任何一方的强烈占有。

与其在一起之后再来改变对方，还不如一开始恋爱时就选对对象。那个男人已经是你理想中的样子，而不是为了其他因素爱上对方，最后才来后悔，费尽心思想去改变他。

哪一种男人适合你

一、适合你的男人应该是让你觉得安心的，和他在一起时，时时充满着喜悦跟幸福的感觉。

二、你和他有足够的默契，即使通过一个眼神、一个动作都能了解对方在想什么。

三、即使在没有见面的时候，你对他也能有十足的信心，相信他不会做出背叛你的事情。

四、你和对方的话题投机，想法也一致，他的朋友也能成为你的朋友。

五、你们对未来有共同的理想且目标一致，对于金钱的看法不会相差太远。如果你能遇上这么一个男人，那恭喜了！这样的男人会是你最契合的对象，你们的感情可以历久弥新、坚定不移。

爱情投资教室

★认清对方，不合则散

真正速配的伴侣，应该是容易让你放心的男人，因为他的心中多了一份牵绊，他会时时刻刻记着你，愿意主动为你改变自己的行为，而不是由你主动要求，这样的爱才能为你的生命带来惊喜跟美好。

一旦交往后发现那个男人不是你想象中的样子，还不如赶快了断，另寻目标会来得容易些。

好的爱情替生活加分

好的爱情能历久弥新，让人越爱越甜蜜，感受到幸福的加乘效应。要让爱情成为你生活上的助力，而不是阻力。

许多人误解了爱情的定义，认为谈恋爱就是要谈得轰轰烈烈、义无反顾，这才算真正地爱过。他们却忽略了这样的爱情带来的后果可能不堪设想，轻一点儿的要花费你一两年的时间来复原，严重一点儿的甚至会毁了你的一生。

所有在小说、戏剧里歌颂的伟大爱情多半带着些悲剧成分，让人误以为真正的感情都应该是这个面貌而导致错误的观念。太浪漫、不够实际的想法，都会让爱情成为你生命中的致命伤，甚至毁掉你的人生。真正可靠的感情绝非像文学家笔下那样短暂而充满激情，而是要能够提升你的生活，让你感受到成长，这才是幸福的感情。

你选好爱情，还是坏爱情？

一个人的生活固然自由自在，但人的天性都是无法忍受孤独，希望能有人陪伴，渴望情感上的满足。而爱情就像一种化学反应，当你沉浸在爱情中时，你的人生似乎也开始变得多彩多姿了。

爱情的确像是精神兴奋剂一样，让无聊的生活起了变化：即使居住在陋巷之中，也似乎能闻到满园芬芳，原本枯燥的日子变得充满了希望。这就是爱情神奇的地方，也是所有男女都满心向往的原因。

当然，所有的爱情一开始时都是美好的。有些爱情经不起时间的考验，马上就露出了原形，让人感受到背后的苦涩滋味；有些爱情却能历久弥新，让人越爱越甜蜜，感受到幸福的加乘效应。我们所需要的正是后者，让它成为你生活上的助力，而不是阻力。

跟让你幸福的人在一起

小菁就是这么一个幸运的女孩，当初她选择和看起来不起眼的学长交往，而放弃了那些英俊又迷人的帅哥。当朋友们过着夜夜笙歌的日子时，不喜欢热闹的学长只会带着小菁上图书馆，让她脱离过去贪玩的生活圈。

刚开始朋友都奚落她，认为她白白浪费了大好的青春。但是小菁却觉得在男友身上，能得到另一种平静的幸福。生活上开始有人帮她打点一切，课业上因为有了男友的协助也突飞猛进。

在毕业之前，小菁比同学提早找到一份不错的工作，这当然有赖于男友的帮忙。小菁的男友本来学业就表现得很出色，后来走入了社会，在职场上一路晋升。当然，他也不忘提携女友，因此小菁可以说是事业感情都得意。

没想到几年之后，小菁身边出现了另一位追求者，对方的家世跟经济条件都相当好，跟男友比起来有过之而无不及，并且具备所有女性梦想的条件，这当然令小菁非常心动，面临了两难的局面。

就在这时候，男友也察觉到了，但是他没有像一般男人一样大发雷霆，反而以一种沉重而谅解的口吻对小菁说：

“如果你觉得那个男人能带给你更多幸福，我希望你可以得到更好的。”

就在男友这一句表白中，小菁做出了抉择，没多久就和学长步入了婚姻的殿堂，尔后证明当初她的决定一点儿也没错。

好爱情，带你上天堂

你感到对方爱你比你爱他来得多，凡事都把你放在第一位。他的承诺不多，但是每样都能做到，总是以实际行动来表达对你的爱。

当你遇到这样的爱情时，会觉得人生充满了美好，即使平淡的日子里，也能感觉到满满的幸福。你只会觉得日子越过越快乐，似乎有种无形的助力在引领你前进。

坏爱情，带你入地狱

令你感到委屈、担忧、被利用、觉得自己像是爱情的牺牲品时……不要怀疑，这段感情已经出现了危机。

女人的直觉是最准的，当两个人的关系变得不可靠时，女性通常是先察觉到的一方。这时你应该提高警惕，看清这爱情是否真的让你感到疲惫。你的生活是否正在走下坡路呢？如果答案是对的，你就该毫不犹豫地斩断情丝。一个会拖垮你生活的爱情，绝对不是健康的关系，只会危害你的未来。唯有及早解脱，你才有重生的机会。

爱情投资教室

★选择懂得疼惜你的男人

一位西方哲学家提到：“爱情的好坏以动机而定：如果动机是好的，再多的感情也嫌少；如果动机是坏的，给得再少也嫌多。”

让对方照顾你，无时无刻不为你着想，这对你才是好的，而不是你卖命为对方付出，换来的却是无尽的冷落。一个不懂得疼惜女人的男人，只会糟蹋你的人生，浪费你的精力。以面临的处境来衡量目前爱情的好坏，其实是最清楚不过的。

投资前请作好准备

想要改变爱情的命运，应该先重整自己，改变那些不好的习惯跟观念，才能让自己拥有幸福的将来。

如果你的感情始终不如意，与其急着去挑选下一个男人，还不如先改变一下自己，提升自己的条件。因为每个人就如同一个小小的磁场，吸引着同类型的人靠近。与其要求别人，还不如先从改善自己做起。否则只知一味地盲目投入感情，即使偶尔遇到好的男人，也很难保证可以维持得长长久久。

过往失败的恋情，一定有其缺陷，你必须先从自己检讨起，而不是全都怪罪对方。如果不是眼光差，怎么会挑到那样的男人？如果你够坚强的话，也就不会任由别人对你“愈取愈求”。

每个人都有思考上的盲点，这可能来自于成长的过程：或许曾经在爱里受过伤，让你对爱情却步；也可能看到周遭亲友失败的婚姻，让你不太相信男人。无论如何，那些都是以前的事情，你不应该让过去影响现在的你，让那些缺陷成为你身上挥之不去的污点。

想要改变爱情的命运，应该先重整自己，改变那些不好的习惯跟观念，才能让自己拥有幸福的将来。

以下提出了几点爱情为何失败跟成功的观点作为参考。

爱情失败的原因

一、认为自己不可能找到好的男人，遇到条件不错的男生你就会想逃避。

二、生活在过去的阴影之下，让不好的经验一直重复在你的生命中发生。

三、把好男人只当成朋友。

四、某种恋父情结，限制了你交往对象的条件。

五、担心害怕失去现在的男友，就无法再找到其他人，于是在不愉快的关系里继续下去。

六、不求进步，对生活没有积极求好的心。

爱情成功的关键

一、认为自己值得被呵护照顾，拥有被爱的幸福。

二、一旦发现身旁的男友有问题，能果决地喊停恋情。

三、没有男人也可以活得很好，交往的对象必须让你生活得更好，否则毫不考虑。

四、清楚自己要的是什么，不敷衍含糊，也不会被爱冲昏了头。

五、即使谈一段甜蜜的感情，也不会忽略现实问题。

六、多认识一些异性，有比较才能知道谁是最适合你的。

七、随时保持容光焕发，即使你是女权至上的女人，也不要把外貌搞得像男人婆一样。

八、即使恋爱也不会失去自我，能保有自己的兴趣跟事业：唯有懂得珍惜自己，男人才会更加疼爱你。

充实自己，吸引异性的目光

大部分的男人如果不是因为外貌，就是受到对方个性的吸引。但是美貌会消退，即使真的交到了外表非常正的女人，男人看久了感觉也会麻痹。不管你是不是美女，要维持自己对异性的吸引力，绝对不能言语无趣，成天像三姑六婆一样让人感到乏味。

当你想要结交一位事业有成的男友时，自己也不能逊色太多。

至少你要和他的朋友话题投机，别忘了，男人非常在乎同侪的眼光。无论是想给对方面子，还是提高你的身价，都别忽略了要让自己赢得赞美。这有赖于平日多充实自己，获得更多生活或工作上的经历，不让自己沦为言语乏味的女人。

即使你身旁已经有了一个他，也不要忘了吸引异性的目光，因为男人喜欢竞争，当他们看到自己的女友这么抢手时，也会懂得更加珍惜。有时适当地制造让对方吃醋的机会，反而能成为爱情的润滑剂，只是自己要懂得拿捏分寸，不要做得过头了，反而得不偿失。

爱情投资教室

★别当爱情散户

做好了功课的投资人跟一般散户不同，当他们决定出手前，已经有十足的把握。他们不会盲目地瞎捞一场，因此成功的概率都比较高。你想要抓住好条件的男人也是一样，不要放任自己不好的习性，要多提升自己的能力和条件。当有一天你能和那些条件好的男人平起平坐时，自然就能吸引良缘的到来。

想当个贵妇吗？

当贵妇不简单的原因是，在这个领域里没有傻女人，也没有懒女人。为了抓住目标对象的胃口，大家都是费尽心思的。

嫁进豪门是不少女人的梦想，能在一夜之间身价百倍。说穿了，除了靠中彩券之外，就是遇到一个改变你生命的贵人。多少想飞上枝头变凤凰的女人，到处寻觅着机会，要不然那些贵公子、小开身边也不会经常环绕着莺莺燕燕了。

仔细看看，大部分有钱的男人，其实外表一点儿都不起眼，甚至长得有些怪异，他们吸引女性的绝非单纯是外表的模样而已，聪明的女人早已经看到了，那些隐藏在背后的光环，是足以带领她们晋升上流阶层的推手。

想当贵妇不是件容易的事。如果光凭幻想能像电影《麻雀变凤凰》的女主角一样，可以在路上意外地巧遇，或是在画廊里不小心撞着有钱人，那就未免太天真了。在中国人的世界里，一见钟情的感情通常不会持续太久，因为那些所谓的上流人士通常保护自己都来不及，哪会随便跟在路上搭讪的对象维持稳定的男女关系呢？万一碰到，你还得怀疑这个人会不会是“假名流”呢！

除了那种梦幻般的相遇，你可能忽略了电影《麻雀变凤凰》的精髓：如何钓到金龟婿……其实遇上绝佳条件的男人，谁不是心花怒放，但是聪明的女主角却将情绪表现得不露痕迹，甚至让男主角吃闭门羹。运用欲擒故纵的方法，激起对方情感的火花，这也是情场中男女交锋最有看头之处。

打一场漂亮的爱情战役

男女之间的追求有时候就像打场巧妙的心理战，谁越熬得住，谁就占上风，不过这得先确定对方真的被你吸引住了才行。当贵妇不简单的原因是，在这个领域里没有傻女人，也没有懒女人，为了抓住目标对象的胃口，大家都是费尽心思的。

我认识一名女性朋友，从谈恋爱开始，就为自己订下了“非挤进豪门不可”的目标。当然，上明星大学是必要的，因为她自知姿色不如人，只有靠其他条件“镀金”才能脱颖而出。

果然，毕业之后，她想办法接近电视台相关的工作人员，硬是挤上了主播台。而且只要有采访名人富豪的机会，她都当仁不让，当然也得罪了不少同事。但是她不在乎那些流言蜚语，因为她很清楚自己想要什么。

在她得罪了太多人，几乎快遭到公司封杀的时候，终于幸运地及时把自己嫁掉，顺利完成了进入豪门的梦想。至于原本的工作，对她而言，就已经不是那么重要了。

当然，她的另一半不会知道她在公司里的评价，因为她总是在对方面前展现最好的一面。表面上看起来她无所不用其极，但这种旺盛的企图心让人不得不佩服。她证明了自己永远都能够得到想要的，即使排除“成为贵妇”这个目标，将她放在任何位置上，她也是不可忽略的高手。

如果你像我这个朋友一样，有足够的企图心，想朝着成为贵妇的目标前进的话，不如看看以下建议，可以让你踏出成功的第一步。

当贵妇的条件

第一，你一定不能太强势，随时得展现出小女人的姿态，但是又不能太卑躬屈膝，这两者之间得拿捏得好。

第二，你的外在条件不能太差，即使没有靓丽的外表，至少也要懂得打扮自己，就当成是一种投资，名牌包、品味时尚的穿着是不可缺的。

第三，要当个有魅力的女人而不是浪女。男人不会因为女人出卖肉体，而觉得必须承担任何责任，你最好先看清这一点，抓住他的人还不如抓住他的心重要。

第四，你的生活必须和名流们有所交集。如果你不是出身名门，至少也要找份工作，可以接近豪门。这类工作不外乎记者、模特儿、空中小姐、理财专员、名牌专柜店员、贵族学院的家教、老师等等。如果你没有机会接近豪门，又如何让他们见识到你有多优秀呢？

第五，不管你心里有多么地渴望能亲近对方，都一定不能轻易地表现出来，保持那种若即若离的态度，反而更能引起对方的兴趣。

第六，一定要找出自己的特色来，不管是兴趣还是谈吐，都要让自己显得有个性而独特，才能够让你在群芳中略胜一筹。

爱情投资教室

★适时吊男人的胃口

越是不可一世的男人，就越是对那种不太爱理会他们的女人特别有兴趣。说穿了，这是一种雄性动物的本能反应。因为那些自视甚高的男人，平常太容易得到他们想要的，习惯抱持着“有什么女人我追不到”的心态，因此越是吊他们的胃口，就反而越能激起他们旺盛的追逐欲望，目的不外乎是证明自己的魅力。

享受当女王的滋味也不赖

当女王的原则是表面上像个小女人，实际上却握有主导权。清楚自己想要什么样的待遇，你才能够得到。

如果你觉得当一名贵妇的过程太累人了，而且嫁入豪门后的生活也未必像想象中那么美好，你还是喜欢被男人捧在手心上的感觉，那么试着当个爱情女王吧！享受众星捧月的滋味也不赖！

要成为爱情中的女王，不一定要外表有多正，也无须家底多雄厚，只要善用一些手段，让男人对你服服帖帖的，就能回过头来享受男人在你身上“投资”的乐趣了。

年轻的单身女性最有资格尝试当女王，千万别让这样的权利溜走了。女人天生就应该受到宠爱，男人本来就应该在追求的过程中付出，这是大自然的法则，你必须谨记在心，别让这样的位置错乱了。有些傻女人不懂得利用女人的天性，硬是把所有责任跟负担往自己身上揽，把自己累得半死还遭人嫌弃，这就太不值得了，白白浪费身为一个女人的优势。

男人要的不是另一个妈

想手上提着一堆重物爬楼梯吗？当车子坏掉了，你试图走到一公里外的修车厂求援？别傻了！世界上的男人是干吗用的？他们身强体壮，对车子的性能特别有一套，你还需要亲自动手吗？

想替男友洗床单、擦地板吗？别傻了！那是他们母亲的工作，跟你一点儿关系都没有。别年纪轻轻地就开始带起孩子来，男人需要宠，但是他们可不想提早替自己多找一个妈。即使你为男友洗衣洗到手都脱皮了，他们还是不会有一丝的感恩。

至于替男友的未来着想，为他们自掏腰包，更是违反"人性"，你正在为自己制造不必要的麻烦。想想石器时代的人们，哪个不是由男人出外狩猎，扛着猎物回家，女人有必要这么做吗？

许多女性无法享受爱情的乐趣，就在于自己牺牲得过多，想一肩挑起两个人的未来，却忘了女人的青春美貌很容易逝去。你辛苦一些就代表你更苍老一分，等到你憔悴得像个老妈子却养肥了那个男人，让他到外头当国王逍遥去了，这又何苦？女人要像男人珍惜的收藏品一样，经常被他拿来欣赏、小心地保存，才能突显当一个女人的价值跟珍贵，这才是“女王”的精神。

越倾心越保持距离

丽莎是个在爱情中如鱼得水的女人。她身边不乏众多的追求者，却从不对谁做出肯定的承诺。要说她有好几个男朋友嘛，似乎又不像，但是与她交往的几个男人却愿意卖命地付出，以讨好她。

她把身边的男人分成好几类：接送的司机、可以一起到夜店狂欢的玩伴、礼物“供应商”、生活支柱者……让她即使收入不高，却能过着轻松惬意的生活。

这其中当然也有她特别倾心的男人，但越是这样，她越保持距离。有一天，那个男人忍不住向她抱怨：

“我这么喜欢你，为什么你就是不肯定下来？”

丽莎低着头，泪珠隐约在眼眶中打滚。这令男人忍不住心软，口气也缓和了下来：

“别这样嘛！是不是我还不够好，做得还不够？”

丽莎轻轻地点了点头。

接连几天，丽莎没有再接对方的电话，让那个男人急得如热锅上的蚂蚁。好不容易在丽莎的公司门口等到她，这回，他再也不敢要求更多，不仅纵容丽莎的行为，而且还对她更好了，期盼哪天她可以真正想清楚，和他成为唯一的一对。

但是当丽莎跟好友提到这个男人的时候，却是另一种态度：

“没错，我是蛮喜欢他的，但是有必要为了一棵树而放弃一片森林吗？”

握有主导权的小女人

其实在丽莎的爱情世界里，她才是真正的主控者，虽然表面上看起来是个楚楚可怜的弱女子，实际上反而是强者的角色。因为她不至于被感情冲昏头，所以即使需要用伪装来达到目的，她也是义无反顾的。

当女王的原则是表面上像个小女人，实际上却握有主导权，清楚自己想要什么样的待遇，你才能够得到。善用一些女人的特质来紧紧抓住男人的心，在这场爱情战役里，当个聪明的女人，而不是爱得遍体鳞伤的傻女人。

爱情投资教室

★当女王的小技巧

1.要会赞美。

2.装得什么都不会。

3.懂得安抚人心。

4.懂得撒娇。

5.打扮性感娇媚。

6.敢争取你想要的。

要有长远的眼光

当一个男人想得到一个女人时，他什么事都能做，怎样的话都说得出来。一旦你相信他所编织出来的谎言，之后想抽身就为时已晚了。

如果你想在爱情里寻求到真正的幸福，一定要懂得分辨：什么男人“玩玩”就好，什么男人才是值得你认真的对象。

有些男人的确很迷人，只要靠近便很难抵挡得了他的魅力：他可能长得很帅，像你过去的初恋男友，或者你梦寐以求的白马王子……不管如何，反正你一看到对方就像是被电到了，全身动弹不得，哪怕是多待千分之一秒也好，你就是舍不得离开他身边。

没错，这的确是爱情所产生的化学反应，双方迅速碰出爱情的火花。当你的热情被点燃，理智也随之消失了。当我们被情绪所左右时，就是陷自己于危险当中，因为你不会料到美丽的烟雾后头隐藏着什么，是美丽还是幻灭？是仙丹还是毒药？

别让感情冲昏头而看不清男人的真面目。把那些花花公子当成你想终身依靠的对象，那就有苦头尝了。

别在爱情游戏里赔上幸福

小慈本来有一名论及婚嫁的男友，他们交往了七八年。对方算是小慈的第一个男友，两个人感情十分稳定。如果不是因为遇见另一个“他”，小慈已经是一个幸福家庭的女主人了。

但在一场慈善餐会上，小慈遇到了那个改变她命运的男人。

志杰是一位艺术家，非常善于观察人，和他的对话更令小慈印象深刻：

“人就像一张空白的画纸，可以任意涂上你想要的颜色，除非——你根本不在乎。”

“那你又知道我在人生的画纸上涂了什么颜色？”小慈起

初很不以为然地白了他一眼。志杰笑了笑，以一种神秘的口吻说："目前真的还看不出特别的颜色来。"

小慈心中暗想，虽然她目前和男友的关系稳定，也即将踏进婚姻的殿堂，但是感觉这段谈了很久的恋情总是缺少些什么。没错！就是颜色！她望着志杰迷人的笑容，心里起了微妙的变化。

于是，整晚小慈和志杰几乎形影不离，她发现这个男人非常懂她，而且相当地温柔体贴。在他面前她可以无所不谈，这和与男友那种平淡无味地相处很不一样。他挑起了她未曾感受过的激情，两个人进展得很快，小慈开始背着男友偷偷和志杰另谱了一段恋情。

这段感情很快就曝光了，男友和小慈大吵了一架，两个人的婚事也告吹。当小慈告诉志杰自己和男友分手的时候，以为他会很开心，两个人终于可以光明正大地在一起了，没想到之后他反而突然消失无踪了。

当小慈疯狂地到处找寻志杰的下落时，这才从他朋友口中得知：

"你不知道吗？志杰喜欢追求别人的女友或老婆，这让他有一种竞赛的感觉。一旦对方和男友分手了，他立刻会逃之夭夭，因为他向来就是个不喜欢负责的男人。”

小慈这才恍然大悟，没想到为了一个喜欢玩爱情游戏的男人，竟然赔上了自己原本的幸福。这时才后悔，已经来不及了。

有些爱情只能浅尝辄止

女人通常很容易被一些看起来坏坏的男人所吸引，越是情场浪子越懂得如何抓住女人的心。他们看起来非常地体贴又细心，你的一举一动、一颦一笑都看在他们眼里。他们可以说是最专业的心理学家，也是最懂得恋爱的动物。他们所制造的气氛，让许多女人都逃不过他们的掌心。

这样的男人，光是一个女人怎能满足得了他的胃口？他就像一只精力过剩的狼，随时寻找着猎物；他也像天上飘浮不定的云朵，让你无法抓得住。他很快会对一个女人感到厌倦，这不是爱不爱的问题，而是他们天生就是情场猎手，你叫他不出门打猎，他会像失去空气般快要窒息。

可能你的对象本身并不坏，却非单身，甚至还有下一代的负担，那更是万万碰不得的男人。不管他如何费尽心思，让你相信他跟太太的感情不好；他内心如何孤单，没人了解，那都不是你该负责的。

当一个男人想得到一个女人时，他什么事都能做，怎样的话都说得出来，但这都是在追求当下。一旦你相信他，过一阵子你就会对事实真相感到不可置信，那不过是男人为了得到猎物所编织出来的一堆谎言罢了，这时你想抽身就为时已晚了。

爱情投资教室

★恋爱前先计算风险

一个男人的身份跟性格都会形成不适合你交往的因素，别妄想你可以靠一个人的力量来改变一切，拿自己的未来去赌一场看不到未来的赌局，你所冒的风险太大了，而且很不值得。

那些无法给你未来的男人，一旦进驻到你的生命中，只会打乱你的生活，阻碍你的幸福，就像恶魔一样留下一堆无法收拾的烂摊子给你。

辑一 钻石人生的八个爱情法则

钻石人生自己打造！掌握八个百战百胜的爱情投资心法，从了解爱情的多空市场开始，一步步学会做个爱自己的聪明女人。让自己在情场无往不胜，成为爱情女王！

了解爱情的多空市场

不同场合遇到的男人，就像股票曲线图，有些环境里的男人象征着多头市场，前途一片光明；某些地方认识的男人却像是空头市场，一路跌停板，你想脱身都难。

股票市场永远起起伏伏，有人欢喜，有人悲歌。在大起大落的投资市场里，你是否看对了方向呢？对女人而言，爱情就像股市投资一样，压对宝一步登天，下错了筹码坠入万丈深渊。

爱情跟股市波动有着异曲同工之妙：爱情也有所谓多头市场跟空头市场的区别，股市投资者得抓对趋势，找寻伴侣者也得学会透视爱情市场的多空。在什么样的环境气氛里找寻伴侣，就像在什么趋势之下挑选股票一样，很容易在当下就预告了输赢的结局。

从环境判断男人的多空

在爱情战役里，一开始你就必须很清楚所处的环境，在那里找到另一半。这非常重要，因为环境造就人性，不同的人会群聚在不同的特定场所，这跟喜欢抽雪茄的男人不会跑到“平价咖啡”的吸烟区里鬼混，事业有成的男人不会一天到晚泡在网吧的意思是一样的。

不同场合遇到的男人，就像股票的曲线图，有些环境里的男人象征着多头市场，前途一片光明；有些地方认识的男人却像是空头市场，一路跌停板，你想脱身都难。

科学园区跟外商公司里的男人就像“多头市场”里的股票，随便买都赚；而在夜店寻觅的男人就像“空头市场”里的股票，要找到能赚钱的股票得带着显微镜去，否则经常有“断头出场”的危机。

别在不对的环境找爱情

明明是一间公司的会计助理，她从高中开始就梦想着能飞上枝头当凤凰，尤其是枯燥呆板的工作做了两年，更让她增强了这个念头。

那天，她心血来潮，推开了一间位于东区的夜店大门。五光十色、缤纷多彩的世界立刻映入了眼帘。那些衣冠楚楚的俊男美女们，跟她上班时所接触的人根本像是两个世界的人，她整个人精神为之一振。

明明高中时就很爱玩，在舞池中耍个两招根本难不倒她。随着震耳欲聋的音响顺势滑入舞池，她利落的舞姿引起不少人侧目。跳了一会儿，她感到口渴，于是到吧台歇了会儿，立刻成为几个男人搭讪的目标。

明明在这几个男人当中，注意到了那个帮她买酒并远远地朝她举杯的男子。他长得粗犷而有男人味，最重要的是，他放在桌上那个钥匙圈——“双 B”跑车。这个小配件令她眼睛为之一亮，心里揣测着：这家伙好像还蛮有来头的。

于是她接受了对方的搭讪，也和他热舞了一段。一个小时过后，男子约她外出，请她到门口等他，而他先出去把车子开过来。明明毫不犹豫地点了点头，从刚才到现在，这男人展现出来的绅士风度让她觉得他与众不同，而她也很愿意进一步跟他当朋友。

明明站在夜店门口，左等右等，始终没看到对方出现。她忽然想起该打电话回家报告一声，可等她打开皮包时，才发现自己的钱包跟手机都已经不翼而飞了。

当她气急败坏地报警之后，从夜店老板口中才知道，那男子竟然是那家夜店的扒手惯犯，那个“双 B”钥匙圈只是他摆在吧台的战利品，借此吸引人注意罢了。

了解事情真相后，明明懊悔不已。

不信邪的心态最危险

这其实是很容易发生在夜店的骗局：在某些地方的男人不会带着大脑出现，因为他们认为，会在那种地方的女人也是抱着玩儿玩儿的心态而已。因此要找“多头市场”的男人，千万不要跑错地方，否则只会让你败兴而归，浪费青春。

跟许多股市的许多投资人一样，抱着“不信邪”的心态，总是认为自己的眼光独到，一定能逮到空头市场里的好货色，那无异于拿自己去当实验的小白鼠，把感情当成赌注，消耗在混沌不明的市场当中。

爱情投资教室

★多头市场的男人哪里找？

例如高尔夫球场、企管研习班、乡村俱乐部、航空公司的贵宾室、头等舱、理财贵宾室、名牌钟表店、五星级饭店等地方属于爱情的“多头市场”，比较容易遇到好男人。

另外要留意“空头市场”的男人，例如网吧、二手脚踏车店、十元商店、夜店、街道旁、火车站外围等场所，在这些地方认识的男人就要格外小心了。

不要把所有的鸡蛋放在同一个篮子里

要以“朋友”的名义，多交往一些异性，因为以“哥儿们”或是“红粉知己”的身份，你往往比较容易看清楚一个男人的真面目。

如果你曾经认真阅读过投资书籍，那么会发现所有投资大师都会告诉投资人：“不要把所有的鸡蛋放在同一个篮子里。”这句话的意思是希望投资人能将资产分散在不同市场里，遇到市场意外波动时，依然能保住部分资产。

这是分散风险的概念，在爱情市场里也适用。最好能秉持着大师们的告诫，不要一谈感情便把“人生所有”都投注下去，以免血本无归。尤其在结婚之前，单身女性都握有绝佳的筹码和条件，你有充足的理由为自己而活，因此更应该睁大眼睛仔细挑选，在下注之前作好准备。

古今中外，女人的命运大多和感情因素紧紧相连，即使是最讲究女权的西方世界，女人依然逃不过爱情这一关。成就辉煌、集美貌与财富于一身的女人，也可能遇到个烂男人而毁掉一生，因此在踏入重要的人生另一个阶段——“婚姻”之前，选择就不得不格外地慎重。

谁说一生只有一个他

还没结婚之前，谁说非得“忠贞”不可？那不过是男人为了绑住女人，捏造出来的一种说辞。每个人都有选择的权利，不管你到菜市场还是珠宝银楼，谁不是不断地挑选，希望找到最好的一个？以此类推，爱情也是可以多比较、多看、多体验的，这样你才能找出最适合自己的对象。

好男人需要珍惜，烂男人则无须拖拖拉拉、牵扯个没完，不要在还没进入婚姻之前，就先用“婚约”把自己绑住了。婚后有婚后的做法，婚前有婚前的权利跟自由，不趁着自己有双翅膀还能飞的时候，多给自己一些经历，难道还要等被婚姻绑住了，才来分析男人的好坏吗？

爱情带给你的应该是一种美好跟幸福的感觉，当它成了一种痛苦跟折磨时，你以为婚后还会好到哪里去？不如提早结束来得痛快。不要以为失去了爱情就好像自己没人要似的，你要对自己有相当的信心，相信“下一个男人会更好”，在还没踏入婚姻的殿堂之前，你都还算自由之身，你都有权利做更多更好的选择。

多几个菜篮

这不是建议你要像个花花公主一样，到处劈腿，做个像卡门一样的浪女，而是你可以假借“朋友”的名义，多认识一些异性，从不同角度去观察身边的男人们，判断出哪一个才是真正适合你的对象。

因为成为“正牌女友”跟只是朋友关系的交往情况是不同的，以“哥儿们”或是“红粉知己”的身份，你往往比较容易看清楚一个男人的真面目。

没听过吗？爱情里的男女多半都是戴了一张假面具，永远呈现最好的一面给对方看，不好的则隐藏起来。因此，当“丑媳妇终得见公婆”的那天来临时，难保你不会被吓八大跳，怎么当初眼中的“良人”竟然是个“狼人”，狠狠地摧毁了你对爱情的幻想？

与其这样，还不如早些看清楚得好，至少你不会浪费青春，到时候心有不甘，想放又放不掉，反而耽误了一生。

当朋友没什么不好，给彼此预留空间，至少你与对方还存有一线希望，保留着似有若无的情愫。有人说暧昧的关系是最美的，没有承诺或忠诚的包袱，却可以更看清楚一个男人。当爱情的风险降低了，你的胜算也提高了许多。

或者你可以真的进行交往看看，当你希望改变朋友的关系时。但是千万不要死心塌地，觉得爱上了就义无反顾，这种观念是爱情小说或戏剧里才有的戏码，千万不要跟真实的人生搞混了。

爱情投资教室

★婚前多交往，降低爱情风险

记得别把自己的爱情搞得轰轰烈烈，那种一副慷慨赴义的模样，才真是跟自己过不去。抛掉那些老套的观念，在婚前多交往些不同的异性，才能真正了解谁才是你的最佳选择。懂得降低风险，你将会是个大赢家。

先爱自己

爱自己的女人，无论在何种情况之下，都具备吸引男人目光的条件。这会刺激男人的雄性本能，为了能把你永远留在身边而费尽心思。

我这么鼓励女生应该多爱自己，是因为天底下自私的男人一堆，但是自私的女人却不多见。女人多半都是扮演牺牲者的角色，因此在爱情的天平上，你要取得平衡，就必须多爱自己一点儿。

男女天生的条件大不相同：在爱情世界里，男人像是猎人，女人则是猎物。猎人的角色是积极的，猎物则是被动的。当然，有时女人可以化被动为主动，吸引猎人上钩，但前提是喜欢对方，并且抱着矜持的态度。

猎人能挑选的猎物范围很广，但是被猎取的对象就很难选择被谁追捕了。因此一动一静之间，女人更是要拿捏好分寸，别让自己老是处于弱者的角色。你越是难以驾驭，越能激起猎人们高昂的斗志。当他们好不容易获得猎物时，便会格外珍惜。

够爱自己，男人才会当你是个宝

如果你多观察，会发现那些真正得到幸福、受到伴侣疼爱的女人，通常是比较爱自己的。因为爱自己，所以她们显得独立自主，拥有自己的兴趣或事业；因为爱自己，她们会修饰自己的内外在，绝不会容许自己成为一个邋遢的黄脸婆，或是变成言语无趣、心胸狭窄、没见识的女人，后者通常让男人恨不得溜之大吉。

爱自己的女人，无论在何种情况之下，都具备吸引男人目光的条件。这会刺激男人的雄性本能，足以向朋友炫耀自己拥有这么优秀的伴侣，也会为了能把你永远留在身边而费尽心思。

说穿了，男人多半儿有种犯贱的心理，越是得不到的女人越想要，越是掌握不住的女人越会激起男人捍卫爱情的决心。

千万别当“老妈子”

一位女性朋友曾经提起：她的男友完全不在乎她的感受。想当年他是多么地苦苦追求，而她还爱理不理的，没想到在一起一年之后，情势却大为扭转。现在变成了她想尽办法讨好他，他却频频嫌弃，甚至背叛她偷吃。

看着头发散乱、没化妆的蜡黄脸上还因为烦恼而冒出许多痘痘的朋友，我不禁问起：“你是怎么对他的，让他变成了这样？”

“我对他可是全心全意地付出啊！我不了解，为什么我天天帮他打扫房间，洗床单、衣物，还做他爱吃的菜来讨好他，他却嫌我像个老妈子，还说我又老又丑。”说着说着，她委屈地哭了起来。

这样的男人的确让人想大骂“狼心狗肺”，但是仔细想想，大多数男人不都是这样的吗？如果那位朋友可以多花些时间照照镜子，回想自己过去跟现在的差别，她就会明白男人的心态是怎么回事了。

男人的心态是很矛盾的，因为没有男人会希望自己的另一半是个“老妈子”。无论你的憔悴是否为了对方，他都不会心存感激！

男人需要再教育

如果你看过卡通片《蜡笔小新》，应该对小新老是批评妈妈“大屁股”、“黄脸婆”的天真话语印象深刻吧！其实那是小男孩的心理，他不会贴心地想，母亲是因为生他而屁股变大，为了喂饱他而成为天天煮饭擦地的邋遢女人的。男人其实不会长大的，无论年纪多大，心中依然住着那个“小男孩”。一旦你因为爱而付出，变得憔悴，他自然会嫌弃你，即使他对你的态度差劲，也会觉得你“罪有应得”。

因此，不妨把你的另一半看成是一个永远长不大的“小男孩”，他需要的不是宠爱，而是“教育”。让他看到你对自己这么地好，他就会希望他能做得更好。在这样的“竞争压力”下，他连对你大声说话的机会都没有。而不是你对他那么好，让他得了便宜还卖乖。

别忘了，男人永远是“视觉”动物，如果你不花心思在自己身上，他的注意力就会移转到别人身上。那么不管你有多么爱他，背后付出多少心血，都将是白做工一场。

爱情投资教室

★让中意的男人愿意为你付出

西方文学家拉塞尔曾经对爱情下了一个定义——爱情是两个人的利己主义。

在感情世界里，如果你多爱自己一点儿，就先打赢了这场仗，让你中意的男人就会愿意为你付出，甘心为你跋山涉水，带回让你满意的礼物来。如果你只知道一味地付出，别人还会嫌你给的不够，白白糟蹋了你的一片苦心。

别预设立场

好男人可能刚开始引不起你的注意，被你所忽略。但是他就像一壶老酒一样，必须经过时间的发酵，才能看出他的优点来。

我们有时候会对人有先入为主的观念，可能在第一眼凭借着外表的印象，或是对方的说话方式，就对他妄下断语，以致后来经常发生“看走眼”的情况。这是因为我们经常会以自己过往的经验，或是固执的观念去看待一件事或一个人，以致无法客观地评断，白白错失不少良机。

当你面对一个戴着粗框眼镜、半天吐不出几个字的男人时，会感到他很无聊、乏味，但他可能是学问渊博的科学家，在家是疼老婆、小孩的好好先生；而那些老是一开口就讨你欢心，看起来风趣幽默的男人，却不见得是可以依赖的对象。如果我们以肤浅的片面认知去断定一个人的话，往往会忽略了对方另一面的优点，错失不少跟好男人进一步交往的机会。

股市老手经常会劝导“后进”们一句话：“千万别预设立场。”意思就是股市往往不会照着你想的方向去走，唯有客观地分析、不固执己见，才能当市场上的赢家。同样，在爱情世界里，想得到一份好的感情，你也不要太快就对人下定论。

爱情世界的抢手货不一定适合你

如果你一味地认为那种男人才符合你的条件，那么你挑到的都会是最花心的家伙。那些让女人马上眼睛为之一亮的男人，喜欢他的女人也一箩筐，不会只有你。你必须有冲锋陷阵的勇气跟努力，即使最后赢得了爱情，也难保可以持续长久。光用外表条件来论断一名异性，往往容易陷入迷惘当中。

爱情战场中充满着各种角力竞赛，男人希望赢得美人归；女人则喜欢互相比较自己的男人，甚至不惜背叛好友，来证明自己高人一等。

和外表看起来条件很优秀的男人在一起，你会经常提心吊胆，害怕他哪一天被别的女人夺走。反倒是那些内敛、深藏不露的男人很清楚自己要的是什么，坚守原则又肯负责任，他们不会成为显著的目标，也无法让你当成炫耀的对象，却能给你带来更大的幸福。

好男人往往不是当下就能够发掘出来的，他可能刚开始引不起你的注意，被你所忽略。但是他就像一壶老酒，必须经过时间的发酵，才能看出他的优点来。

多观察，做出正确的抉择

小音像一般女孩儿一样，喜欢追求外形亮眼而迷人的男孩子。当她到一间颇具规模的公司上班时，外形不错的她立刻引来同事们的追求。其中有两个男生跟她走得最近：一位是她把对方当成朋友的A君，另一位则是外表帅气的B君。

当时B君已经有论及婚嫁的女友，但是不信邪的小音硬是横刀夺爱。在这场爱情角逐中，A君黯然退场，而B君的前女友更是为此伤透了心。小音以胜利者的姿态跟着B君高调讲出，表明他们现在是情侣的身份。

虽然小音觉得自己得到了想要的男人，B君却迟迟不愿意对她做出承诺，也不愿带她回家见父母，这一点让她始终耿耿于怀。没想到就在交往不到一年时，她在公司里收到了一张喜帖。

小音打开喜帖一看，差点儿没晕了过去。那张结婚喜帖上印着 B 君跟他前女友的名字。小音伤心欲绝，根本无法继续在公司待下去。这时候，体贴的 A 君适时地出现，安慰、陪伴着她，这才让她发现了 A 君的好。

“为什么我当初不是选择你呢？”小音这时才后悔着对 A 君说。

A 君露出了腼腆的笑容，回答说：“事情已经过去了，你就别想这么多了。”

“那你现在还愿意接纳我吗？”小音鼓起勇气对他说。

A 君却告诉她：“我真的很喜欢你，可是这段时间我已经交了女朋友，我不能做出对不起她的事。”

A 君做出正确的选择，反而让小音更加懊恼，怪自己当初没看清真相，而错失了这么一个好男人。

如果当初小音可以不要这么快地投入爱情，多给自己一些观察的时间，或许就能够做出正确的抉择了。

爱情投资教室

★朋友也可以是情人

不要以为朋友就不可能成为你的伴侣，有时能当朋友的对象，反而是让你感到放松而信赖的人。没有什么不可能的，如果你愿意多给自己一些机会的话，你将发现，幸福往往早就出现在身边，只是你还没看见罢了。

告诉自己“你值得”

爱情的幸与不幸，与其说是机运，还不如说和性格有绝对的关系。不敢去爱，或是倾向于自我伤害的爱情观，会促使人不断重复噩梦的轮回。

很多人感情会失败的原因，不外乎对自己的信心不够，经常在爱情面前感到自卑，认为自己不可能得到幸福的归宿。

你或许经常听到身边的人这么说：“那个男人太好了，我配不上他。”不管心里有多么渴望，还是白白地让机会给溜走了。爱情世界就像现实社会一样残酷，一旦你退让，别人就会毫不犹豫地把好处给拿走。

而你退缩的理由是什么？

有些人可能因为过去受过伤害，心里蒙上了一层阴影，认为幸福不可能降临；还有一类是受到环境、家庭的影响，让她们根深蒂固地不相信爱情，认为男人都是骗子跟花花公子。她们过度保护自己，以致先入为主，把爱情套在某种僵化的模式上，即使有好对象出现，也会因为过于负面的态度，而把对方吓跑。

提升恋爱运的三大原则

爱情的幸与不幸，与其说是机运，还不如说和性格有绝对的关系：不敢去爱，或是倾向自我伤害的爱情观，会促使人不断重复噩梦的轮回。

如果你老是觉得自己遇到了坏男人，爱情总是把你的生活搞得一团乱，这时不妨停下来反省一下自己，你是在哪里出错了？想要得到美好的恋情，你必须先改变自己。以下三大原则有助于提升你的恋爱运：

一、爱情面前人人平等

你必须有这样的观念：在爱情面前人人都是平等的。不管是达官贵人，还是市井小民，面对爱情时都不得不低头，去得到爱神的眷顾。

爱情是无价的，当它发生时就发生了。再多的财富跟权利都无法交换一场美丽的爱情，也无法让你与心仪的人相遇。因此，当遇到值得交往的对象时，千万不要认为自己身份地位不如对方而退缩。在你还没尝试之前，怎么知道行不通？或许对方也喜欢你，只是你并不知道罢了！千万不要让这难得的缘分随风而逝。

二、不要划地自限

女人经常会有一种奇怪的心态，宁可和那些坏男人交往，却把好男人归类为朋友。追究这种奇怪的想法，那些女人通常都是比较重视朋友的，她们认为朋友才是长久的关系，任何爱情都是不稳定且不可靠的。

那么，为什么不能将你认为可靠的友谊进一步化为爱情呢？或许，这样的爱情会改变你一直以来漂浮不定的情感。

三、不口出恶言

在爱情世界里，任何批评或赞美的话都有加乘效应。当你对伴侣说了一句甜言蜜语，即使是谎言，听起来也格外讨人喜欢。但是如果因为一时的气愤跟冲动，而说出刺激对方的言语，所造成的伤害将难以弥补。

有些人特别爱作出尖酸刻薄的批评，即使真心喜欢对方，表现出来的却是不断地刺伤，最后造成爱情远去。想要改变自己的爱情，就必须在说话之前三思，不要受到情绪的影响，随便把“我恨你”、“不如分手吧”等字眼任意说出口。在说话时，要先冷静三秒钟，有些话放在心上，会比较妥当些。

只要你不说，没人知道你当时在想什么；而一旦说出口，伤害就已经造成了。

幸福需要勇气

爱情需要极大的信心和勇气，你必须让自己成为爱情世界里的强者，才能得到你想要的。恐惧、畏缩只会让你成为爱情的逃兵，一再与幸福擦身而过。

我曾经看过一个一无所有的穷小子，义无反顾地追求他心仪的富家女，最后得到了圆满的结局。或许当时许多人认为这个人脸皮够厚的，但爱情是属于两个人的世界，唯有当事人才能真正体会到其中的甜美与苦涩，又何必在乎外人的眼光？能成为爱情的赢家不一定要身份特殊，而是要有足够的勇气去行动。

每个人都有追求幸福的权利，梦想值得去争取和实现，因此别让性格影响了你选择幸福的权利。

爱情投资教室

★正面看待爱情，你将得到回报

你对爱情的看法会影响到感情的未来：总是对爱情产生悲观的心理，或者认为就是要爱得激烈、苦涩，才能让人体会到真实的情感，那么爱情就会朝着不幸的方向而去，让人陷入悲苦的深渊。换言之，如果认为爱情是充满阳光、愉悦跟幸福的感受，那么也将得到同等的回报。

用你的脑袋去看别人，而不是用眼睛

在爱情的世界里，我们都很容易被第一印象所左右，这样的无知牵引着我们中了爱情的诡计，最后往往发现事实真相并不如我们当初所想。

男女交往经常犯的错误，就是被外表所吸引，而忽略了对方的内在。有时明明是个“潜力股型”的男人，却被你当做垃圾一样，那可是非常可惜的。

好男人不多见，也不容易被发觉，唯有那些具有眼光的女人，才能看出对方的优点。

有过经验的投资人都会劝人：“不要太贴紧盘面。”最主要的用意是不要太过在意眼前的涨涨跌跌，而忽略了背后的大行情。在爱情的世界里也一样，我们都很容易被第一印象所左右，这样的无知牵引着我们中了爱情的诡计，最后往往发现事实真相并不如我们当初所想。

爱情里充满着尔虞我诈的交锋，男男女女谁不是在刚开始时戴着面具，希望能给对方留下最好的印象？但在面具后面，你怎会知道那是只披着羊皮的狼，还是真的是个表里如一的好男人？

眼见不足以为凭

当你用外表去衡量一个人时，就已经犯了第一个大忌。在自然界的法则里，越是外表美丽的动物，越是隐藏着陷阱：那些色彩鲜艳的动物几乎都具有毒性，堪称致命的杀手。而人类呢？长得漂亮的年轻男女，外貌往往是装饰的表象，这并不代表着他们的内心一定不善良，但是过于注重外在，反而让他们少有自省的机会，因而个性上产生许多缺失。

别忘了，人是容易被宠坏的，那些一下就吸引众人目光的人，因为得到关爱的注目对他们来说太过容易了，以致他们不太需要努力去增强自己的实力。这可以从许多层面看出：在学生时代经常成为爱慕对象的帅哥美女们，往往进入社会之后反而成就不如那些平凡的家伙。越是在年轻时得不到异性注意的男人，反而随着年岁的增长而身价百倍。

著名的已故国际巨星阿兰·德龙曾被誉为全世界最俊美的男子，但是他却在一次访谈中提到：“最令我困扰的正是我的外表。”因为他认为人们都太过注意他的长相，反而忽略了他为事业所付出的努力。

这些都证明了，一个人的实力往往跟长相无关，而跟自我要求有绝对的关系。

一般人都喜欢追求美丽的事物，尤其在爱情里，越是美丽的对象越是抢手，永远不乏追求者。如果你认为这样的异性值得你付出，想用此来证明自己的优越感，那可是要冒极大风险的。

别听信男人的片面之词

如果有一个男性一直跟你宣扬自己的优点，这时你就要小心别被洗脑了。真正有实力且成就非凡的人都是低调再低调。只有那些不成气候的人才会大肆宣扬，只要有一点点成绩就唯恐天下人不知。

当然，那些喜欢夸奖自己的人，除了想自抬身价外，多半还具有别的目的，就像业务员必须夸大自己的业绩，以得到客户的信赖；政客需要哗众取宠，来得到选票。喜欢褒奖自己的人都希望获得些好处，说穿了，这都是为了自己，而不是为了别人。

就像在股市里，当你听到关于某个股票的好消息的时候，跳进去必定中了“法人”的圈套，任何新闻消息都不如你自己去研判来得准确，这就是动脑而不是靠听的来弄清事实真相。

尤其是男人的爱面子心理，莫不希望得到崇拜的眼神，好增加自己的满足感，因此他们通常特别喜欢夸大自己，这也没什么好奇怪的。重点是，你得看清这男人背后的真面目，真有像他说得这么好，还是只是胡乱吹嘘。

学会独立地思考判断，这对生活的任何层面来说都是相当实用的，可以让你不容易被别人左右，并且掌握住自己的未来。

爱情投资教室

★以男人的潜力决定你是否投入感情

爱情对女人而言是种消耗品，而不是奢侈品。女性的青春短暂，经不起一再地尝试，与其挑选一顿可口的大餐，还不如买一本餐券。只有认清一个人背后的潜力，来决定是否投入这段感情，才能得到最值得的回报，让你爱得有代价。

记取教训

有些人习惯以逃避来追求平静的生活。但是那些伤口依然还在，故意漠视那些挫败，无法让你得到成长。再度面临同样的事件，你依旧毫无抵抗能力。

成功的投资术中有一项很重要的课程就是“记录”，记下以前失败的原因，复制成功的经验，这将成为制胜的要诀，也是赢家与输家的区别。在投资市场中，输家的特质就是不断地重蹈覆辙，无论跌倒多少次，还是会在同样的地方跌一跤，这是因为习性使然。这样的人从未有改变自己的决心，当然也无法扭转自己的命运。

任何事情都是一样的道理，尤其在爱情里，我们特别容易犯同样的错误而毫不自觉。即使痛过之后，也会等到伤口结疤，又忘掉以前受到的伤害，再一次掉入同一个模式的循环当中。不管别人怎么说，就是听不进去，固执地认为这一次绝对不同，但是为什么还是无法逃脱一样的宿命？

怪东怪西还不如怪自己，因为你无法彻底改变自己，进而造成悲剧一再地发生。有人说性格影响命运，而非环境使然，的确是有它的道理存在。

遗忘无法让你得到成长

健忘是人的天性。有一位西方作家曾开玩笑地表示："现在的小孩，要他们记得前天的电视演过什么都很难，更何况诸事繁多的成年人呢？"

有些人故意遗忘，对于那些曾经感到伤心的往事宁可不再去想，逃避成了他们追求平静的最佳方式。但是那些伤口依然还在，只是暂时被搁置在一旁。故意漠视那些挫败，无法让你得到成长，更别说是吸取到经验了，因此你的受伤等于是白疼一场，再度面临同样的事件，你依旧毫无抵抗能力。

我的一个朋友很喜欢把"忘了吧"当成口头禅。每当她遇到感情问题时，总是这么告诉自己。当朋友劝她改变一下对男人的眼光时，她反驳道：

"我就是这么衰，老是会遇到同样的男人，我又能怎么办呢？"

她开始求神问卜，还是难逃遇到暴力倾向男友的命运。

究其原因，离不开她那种强烈的性格。她爱恨分明的个性，倾向于激烈的情感，当然也容易爱上那些动不动以“行动”来表达情绪的男人。她认为那是爱情的表现，却忽略了对自己产生的伤害。

而且她也忘了，真正好男人的人格特质中，懂得控制情绪是第一要件。一个男人要有所成就，必定具有稳定沉着的个性，才能清楚地掌握自己的未来。那些性情漂浮不定的男人做什么事情都不会想到后果，想投资在这样的男人身上，当然前途令人忧心。

这位朋友并非一直都遇不到好对象，即使偶尔遇到好男人也被她过于强烈的个性给吓跑了。当我告诉她，或许她应该改变一下自己时，她的回答依旧是：

“算了吧！就把这段感情忘掉吧！”

因此难以找到好的恋情，往往问题不是出在别人身上，而是出在自己身上。

现在就开始改变你的爱情命运

想改变自己在爱情中的命运，你不妨试着这么做——

拿起笔来，把你过去曾经在爱情里受的伤一五一十地记录下来：是什么样的男人造成的？而你又是以何种态度去面对的？并且默默地许下誓言：绝对不把同一类型的男人列为恋爱对象。

你无法要求对方，却可以要求自己不要再受恶男的拖累，从今天起和那些坏男人划清界限吧！

把你不愿再来一次的受伤经验清楚地写下来，并在心底不断复诵，直到深深印在脑海里为止。从今以后告诉自己，找一个懂得爱你的人比你爱他来得更重要。你需要的是一个能呵护你的伴侣，在爱情里得到欣赏与关怀。

当你开始对彼此的爱情感到沮丧且前途渺茫时，千万不可以心软，当断则断才能有重生的机会。

永远记得爱情是要能引领你成长，而不是让你堕落。想谱优质的恋曲吗？现在就从学习成长开始吧！

爱情投资教室

★在爱里学习，幸福也将降临

很少有人能够真的如此幸运，一开始就遇到完美的爱情，从一而终。大部分人都是一路跌跌撞撞走来。也许你一时运气不好，在爱情里受了伤，但是这都无碍于你追求幸福的权利。只要愿意在爱情中学习成长，理想的感情总有一天会降临到你身上的。

做聪明的女人胜过当女强人

好男人可能刚开始引不起你的注意，被你所忽略。但是他就像一壶老酒一样，必须经过时间的发酵，才能看出他的优点来。

聪明的女人不一定要在事业上表现突出，聪明的女人也不需要十八般武艺样样精通。如果能在处理爱情的问题上充满着智慧，女人一样可以得到美满的人生。

随着时代的进步，现在的女性也可以和男人在职场上一较长短，因而造就出不少女强人。这些独立又能干的女性在成就上并不亚于男性，她们充满着自信，利用自己的力量来达到理想的生活，认为这才合乎她们的要求。只可惜女强人在职场上冲锋陷阵，却往往在另一个生活领域里落空。

当然，干练的女性令人佩服，但是不知为何，女人的感情生活似乎跟成就成反比。很多工作成绩亮眼的女人，却不见幸福爱情的降临；反倒是一些看起来成就平平的女人，却在爱情里如鱼得水。

聪明反被聪明误

能干的女人难道不够吸引异性吗？其实倒也未必，有些女强人无论在外形上还是在谈吐上都很优秀。或许是因为过于专注在事业上，导致她们在很多地方缺乏了女性应有的特质，比如温柔跟体贴等等。她们很容易把职场上的强势带进自己的生活里，忽略了跟异性之间互动的微妙关系，因此在爱情上反倒像个“傻大姐”，失去了原本聪明干练的模样。

一位在做贸易的女性朋友，很早就出来独立创业，并且在事业上小有成就。跟其他同年纪的上班族比起来，她的生活为许多朋友所羡慕。但是有一阵子，她显得很不快乐。

“我不知道为什么我的男朋友老是跟我吵架。”有一天，她在我面前提起。

“我已经尽我的能力满足他了，他想要换车我资助他，他想进修我也支持，他却还是抱怨我给得不够。”人人皆知，她在去年交往了一个比她小三岁的男友。那个男人虽然外形条件不错，但只是一家公司的小职员，无论学历、成就都不如她，所有朋友都为她这个选择感到有些不可思议。这位朋友却坚称，这个男人让她感受到从来没有过的爱情滋味。

没想到，两个人之间这么快就起了摩擦。

“他指的是金钱吗？”我大胆地问。

“倒不是那方面的事，而是他一直怪我不了解他，觉得我都没时间陪他，也不关心他。天哪！他可是全世界我最在乎的人啊！”朋友不禁提高了声调，“我看是他不懂我的心吧！”

接着，她沉默下来，沮丧地用双手蒙住了脸庞。

“会不会是你陪他的时间真的太少了？你有没有仔细听他抱怨些什么呢？”

“我的工作忙都忙死了，当然不可能一天到晚跟在他身边啊！他抱怨他说话我都没在听！我整天都在想公司的事情，哪有这闲工夫去听他那些琐事。他还说哪！我每次跟他提到公司的事情时，他还不是一副爱理不理的样子，根本无法分担我的忧虑嘛！”

留些空间给另一半

听着朋友娓娓道来，事情似乎已经有些水落石出了。这位朋友的问题应该是很多事业有成的女性都会面临到的状况：她们花太少的时间去维持两个人的关系了。她们经常忽略了爱情是需要经营的，也因为这些疏忽让她们的爱情路走得格外地艰辛。

当然，最后朋友和男友只能走向分手。虽然她口里强调幸好有事业帮她抚平感情的创伤，但谁能保证下一次当爱情又来临时，不会又是一样的结局呢？

男性跟女性最大的不同就在于：男人的“桃花”会随着他们的成功水涨船高，而女人却恰好相反。越能干的女人越让男性逃之夭夭，一方面是自尊心作祟，另一方面可能就是女性因为太过强势而产生的矛盾。

太能干的女人在爱情上往往产生许多盲点，让聪明反被聪明误。因为对自己太过自信了，认为什么都可以办得到，什么事情都要自己扛，不愿意留些空间给另一半，反而让自己辛苦得要命，对方却觉得理所当然，让彼此的感情失去了平衡，最后导致破灭。

在爱情里只有聪明的女人，没有傻女人。不管你在现实社会竞争中拥有多大的优势，不懂得在爱情中善用智慧，依然是无法得到幸福人生的。

爱情投资教室

★在爱情里当个聪明的女人

聪明的女人知道何时该放低姿态。

聪明的女人知道感情何时该放，何时该收。

聪明的女人不会去蹚浑水。

聪明的女人不会成为别人消费的对象。

聪明的女人懂得经营自己的感情生活。

敢适时地“装傻”也是聪明的女人该有的态度。

辑三

不值得为之浪费爱情的七种男人

钻石人生自己打造！掌握八个百战百胜的爱情投资心法，从了解爱情的多空市场开始，一步步学会做个爱自己的聪明女人。让自己在情场上无往不胜，成为爱情女王！

“地雷股型”的男人——可怕的双面亚当

这类男人多半都很懂得呵护女人。他们是如此专注于如何让女人爱上他、对他死心塌地，因此花费了不少精力。不过别担心！将来这都会全数从对方身上捞回。

所谓的地雷股，在崩跌之前一定不会让你发现它是支“烂股”，主力甚至会拉抬一两支涨停板让投资人尝到甜头。当大部分的人期待“再来一次”时，它就在“万众期待”中开始无量下跌，让投资人损失惨重。

有些男人也像地雷股一样，他会制造让女性为之倾倒的形象，设陷阱让人跳下去。当对方成了他手中的猎物后，怎么也逃不出魔掌。即使有一天能从这样的爱里逃脱，感觉也会像是被扒了一层皮似的，得花许多年才能恢复昔日的元气。

认清“地雷股型”的男人

一、家世不错的男人，但钱都是父母赚的，财产也全都掌握在父母手中，他不过是个虚有其表的贵公子罢了！空有外表的他常常出入上流社会的场合。想靠这种男人过舒服奢华的日子，可要祈祷他的父母别长命百岁，还有别在“关键时刻”把钱都捐给了慈善机构。

二、靠关系进入企业谋得高位的男人，尤其特别要小心所谓“特助”职位的男人。美其名曰是总经理或董事长面前的红人，但通常拥有这个职位的人都是“角色不明”，很难断定他的能力。而且多半是老板安插的职位，比如老板的眼线，所以你最好祈祷对方后台够硬，否则走出了这个办公室，他可能连送货小弟都不如。

三、没有正式上过班、从基层做起的经历，却拥有一堆董事长、总经理的头衔。这样的男人好大喜功，多半儿喜欢自己创业，却没有特殊专业才能和丰富的经验，往往一事无成。生意失败的亏损是很吓人的，除非你真有不错的经济条件可以成为他的“提款机”，否则将来提心吊胆的生活绝对少不了。

这些虚有其表的男人品位又特别高，眼光高、处事高调，姿态也高，就是能力不高，因此往往在一开始造成许多假象。

这类男人多半都很懂得呵护女人，这也是一步一步让女人上钩，从爱情变成梦魇的开始。他的热忱通常都展现在女人还未到手之前。他们是如此专注于如何让女人爱上他、对他死心塌地，因此花费了不少精力。不过别担心！将来这都会全数从对方身上捞回。

他看来是如此地诚恳，把你当成他的唯一，可以为你上刀山、下油锅。你想要的东西他想办法送到你手上，殷勤地等在你家门口当司机，不时地嘘寒问暖。到最后，你连好友的反对意见都听不进去，认为自己找到了世间难得的好男人，于是崩盘就快要开始了。

爱描绘梦想却没有执行力

凯丽就遇到了这么一个“地雷股型”的男人。他虽然外表不怎么起眼，对生活却有着相当的品位，来往的友人都是一些有头有脸的人物。他的见识广，和他聊天也相当有趣。

很快地，凯丽认定了这个常常跟她描绘梦想的男人，认为他将来一定是有出息的。

这男人向凯丽表示，为了两个人将来着想，不想一辈子当个员工，打算自己创业。凯丽听到他的计划，还真的以为这男人认真又负责，这回她一定没有看走眼。

等到两个人开始筹备婚礼时，男方以"钱都拿到投资公司了"作为借口，希望凯丽先行负担，这让她有些震惊。等结婚照拍完，她才发现这男人连拍照的费用都没办法支付。

最后，未婚夫低着头跟她承认，合伙人把公司的资产全都卷走了，包括他挪用的婚礼费用也全都泡汤了。这时凯丽才终于惊醒过来。

这男人一而再、再而三地把钱丢进水里却毫无警觉。在他开始要实践所谓的"梦想"前，已经连生活都有问题了。婚后即将面临什么样的日子，凯丽连想都不敢想。于是她急急忙忙地把婚礼取消，结束了两个人的关系。

梦醒时分通常都是输光之后

“地雷股型”的男人露出真面目时，往往都是在女性对他开始产生依赖的时候，放心地把自己的人生交到他手中。这时，只要在他身上出现一点点的缺点，女性都会开始替他找理由，相信那只是短暂的。他也会在开始露出本性前，不断说服对方：“我之所以这样，全都是因为太爱你了！”

这些占有欲强却又不愿意付出、集许多缺点于一身的男人，刚开始都能表现得让人无可挑剔，这可能来自于他受过的良好教育、稳定的工作收入等等，像是一个超完美的“圈套”。等你真的走进他的生活时，才会发现事实完全跟你想象中的不一样。

这就像买到地雷股的散户投资人，第一个、第二个跌停板时，还傻傻地相信股价会回到当初买的价格一样：梦醒时分通常都是在输光之后。

爱情投资教室

★“地雷股型”男人的特征

他们喜欢夸大其词，时时不忘褒奖自己。

喜欢吸引别人的注意，尤其是异性崇拜的目光。

善于替自己制造光环，但仔细去探究，那些光环都是别人给的，或是继承，或是靠关系，都不是他自己努力争取而来的。

“期货型”的男人——犹如高空走绳索

这类男人像是生活在云端，不用为现实生活卖命。但是事情真有这么简单吗？他的上流生活是如何达到的？你可能还没来得及探究，就已经掉入了陷阱之中。

玩过期货的人都知道，这是一个高风险、高报酬，也是最诡谲多变的一种投资。通常在这里头赚得快，输得更快。当你开始觉得赚钱容易时，危机也同时到来，因为市场总是暗藏着一只看不见的黑手，想趁机掏光所有投资人的口袋。

在爱情里也有一种像期货市场一样的男人，他让你的生活感觉如同坐“云霄飞车”般刺激精彩，但是船翻得也快，往往让你措手不及，留下不少伤心遗憾。

“期货型”男人的生活多姿多彩，可能是跟名气沾上点儿边，也可能是经常游走世界的旅人或是艺术家。他们都有个共通点：似乎不必为生活费心，居无定所，过着平凡人梦寐以求的生活。而且这类人见闻广博，可以为别人的生活注入活力和色彩。

他们有趣迷人，却充满高风险

当然可以想象，跟这样的男人在一起一定是极为有趣的，他绝对不会像呆板的上班族一样，一开口就让你想打瞌睡。跟他谈恋爱就像是经历一场华丽而浪漫的冒险，他会带你见识不同的场合。他绝对不是那种坐在客厅里跟你聊天的对象，而是跟你漫步在沙滩上，或是搭乘滑翔机一块儿冲浪的快乐玩伴。

“期货型”男人让你忘了他的风险，因为你已沉迷于他所过的生活，那是超乎“一般人”的刻板、无聊。他会让你跨过那段为生活打拼的艰辛，直接跳到“享受成果”。

为什么他可以做到这一点，使你可能连用脑筋想的力气都没有？因为摆在你眼前的尽是美好景象，你哪愿意去破坏呢？

从外表看来，这样的男人似乎享尽了天下的福气。他像是生活在云端，不用为现实生活卖命，这简直是所有人的梦想。但是事情真有这么简单吗？任何享尽荣华富贵的人，都不需要付出一丁点儿的努力吗？即使是含着金汤匙出生的贵公子，也得想办法保住上一代的资产吧！

他的财富是怎么来的？他的上流生活是如何达到的？你可能还没来得及探究，就已经掉入了陷阱之中。

随性浪漫的爱情陷阱

富美是一家企业的公关经理。年纪轻轻的她要坐到这个位置相当不容易，她可是比一般人更努力、用尽心思才争取到这个位置的。平常她比同事早进公司，不到深夜绝不会停下工作，这职务对她来说实至名归。富美在工作中常会见到那些颇有来头的贵宾。她经常很羡慕，不知道何时才能像他们一样，享受功成名就的尊荣。

就在某个机会下，她遇到了一名从国外回来的艺术家建明。第一次见面，她就为他丰富的人生经历而倾倒了。因为他长年旅居国外，在世界各地当起了“游牧民族”，言谈中提到的那种环境跟生活，让她为之向往。因此，当他对她展开热烈的追求时，她毫无防备地一头栽进了爱情的世界里。

建明随性而又浪漫的生活方式跟富美的生活方式差之千里，充满着矛盾却又深深地吸引着她。

受到建明的影响，她也逐渐脱离了那种全心为工作打拼的毫无品质的生活。他带着她到处游玩，甚至只为了一次晚餐，两个人便飞到国外的海边享用美食。这些奢华的旅程刚开始富美完全不用烦恼，后来却慢慢地由她代垫费用了。不过她已经被这爱情冲昏头了，觉得这样的“投资”相当值得。

梦幻时光的不堪真相

过了一段时间，富美有一天忽然好奇地问他：“你这样到处玩，难道都不用工作吗？”

“你说画画吗？那不过是我的副业之一，其实我在世界各地都有投资，这才是我真正能维持这种逍遥生活的原因。”

他信誓旦旦地说，并开始鼓吹富美跟他一样，把钱放在国外的银行里。富美因此心动，接纳了他的建议。

等富美把所有的钱转到国外的银行后，他却在一次见面时告知要独自去旅行，从此消失了踪影，连带她国外账户的资金也全都化为了泡沫。之后富美得到了有关他的消息，竟然是在报纸上看到他和一名老外欧巴桑躺在夏威夷海滩上的照片。她这才终于清醒过来，原来他就是靠着诈骗女人来过如此“梦幻”的日子的。

跟这类“期货型”男人在一起的生活，犹如高空走绳索般刺激。当你醒来才会发现，真相其实不堪一击。奉劝你千万别相信那些生活在云端的人们，尤其是在你还没认清他真实的背景之前。

爱情投资教室

★在华丽的背后隐藏着毒药

越是有趣华丽的东西，背后就越有可能隐藏着毒药。这跟在动物世界里是一样的道理：往往是为了吸引猎物，好满足自己胃口的装饰而已。等你发现自己才是那个提供他神仙般生活的“提款机”时，后悔就已经来不及了。

“以小博大型”的男人——好高骛远

这类男人喜欢做自己力所不能及的事情，并且有赌徒性格。他们做事情不计一切后果，无法脚踏实地，只会妄想快速地成功，却忽略了成功背后所需付出的努力和心血。

在股票市场里，最容易让人财富归零的，莫过于“以小博大”的衍生性金融商品，比如股票权证、连动债等等，之前引起国际金融风暴的罪魁祸首就是这些商品。它不像期货市场那样有指数可以参考，这类商品以复杂的获利公式计算，连最精明的投资大师都难以掌控，更何况是一般投资人。

“以小博大”的金融投资为什么吸引人，就在于它可以用很少的资金扩大杠杆操作，让你获利无限。但同样的，它的风险也会被无限制地扩张。往往当你一无所有时，才会从美梦中惊醒。

个性像“以小博大型”金融商品的男人，就属于这类“好高骛远型”。他们喜欢做自己力所不能及的事情，对于目标总是有太过美好的想象，以致认不清现实，最后重重地摔上一跤。

这是一种有赌徒性格的男人，比之前“期货型”的男人赌性更强。他们做事情不计一切后果，无法脚踏实地，只会妄想快速地成功，却忽略了成功背后所需付出的努力和心血。由于他们所描述的未来的确太诱人了，以致很多不知情的女人，就这么迷迷糊糊地上了当。

事业不长久，总是有借口

秀美就不幸地遇上了这种男人。她的男友原本是机车行的一名技工，却对整天在油污里打滚赚辛苦钱感到很不满。有一阵子，他开始不务正业，跑到夜市里摆地摊。

“听说摆地摊很好赚钱，本钱小，利润大，很多人都靠着这样的工作买房买车。”他这么对秀美讲着。

“可是，这样的收入稳定吗？你的资金可以撑多久？”秀美很怀疑。

男友拍拍胸脯跟她保证说：“这你不用担心！我不是说过嘛，摆地摊不需要多少本钱，放心吧！我一定会赚大钱，让你过好日子的。”

第一天秀美的男友便赚了好几千块，比他在机车行上班一天的薪水还多，这让他乐不可支，开始计算着照这样下去，月收入十万不成问题。

但是第二天、第三天……他的收入却不断地下降，最后连支付生活费都快不够了。接着他又产生了别的想法，他发现地摊旁边有家饮料店生意非常好，老板请了几个工读生，只需要定时过来收款就行了。

于是他又跟秀美提议：“摆地摊太难赚钱了，累得半死，一整天下来赚不到几百元，还得躲警察，万一吃上罚单，一天卖的都不够付了。不如像隔壁的饮料店，请几个工读生来做，我只要收钱就行了，又轻松又好赚钱。”

秀美被说动了，投了一笔资金进去，也积极地在下班后跑到店里帮忙。但是开店哪有这么简单，如果没有用心经营，是很难有好成绩的。

这一次，秀美男友的店撑不了半年就宣告失败了。秀美好说歹说，希望男友能够回去当技工，收入也稳定一些。

“哎呀！那家饮料店失败是有原因的，做喝的利润这么少！只要能找到利润高的东西来卖，情况一定会不同的。好不容易我才有了做生意的经验，怎么可以这样就收手了呢？”

秀美争不过他，只好随他去。

这次男友做的生意可神秘了，秀美三天两头看不到他的人影。问他的公司在哪里，总是得不到具体的答案。直到她接到警局的一通电话，要她前去保释男友，这才知道对方竟然搞起了毒品生意。秀美终于对这个男人彻底死了心。

别和对方活在同样的空想里

那些好高骛远的男人看起来很忙碌，可真正花在工作上的时间不多，大部分时间都是在宣扬自己的美梦，以及和酒肉朋友聚在一块儿，沉浸在自己想象的成就当中。

这样的男人绝不会有企业家的那种苦干实干的精神，他们只会羡慕那些成功者，希望能达到和对方一样的成就，却又不肯付出相同的努力，只想要钻旁门左道、抄捷径，最后依然是一事无成。

投资在这种男人身上，当然一点儿也不可靠。他向你描述的美好生活，永远不可能实现。和这种人在一起久了，会有从天堂掉到地狱的感觉。与其和对方活在同样的空想里，还不如起身去实践你的理想，还来得比较容易些。

别想和这种人辩解，因为这类不切实际的男人连自己都骗了，还会在乎别人怎么说吗？

爱情投资教室

★ “以小博大型”男人的特征

这样的男人很喜欢画大饼，老是爱跟人吹嘘，但是他的成就却差之千里。他们往往眼高手低，从过去许多失败的计划就可以看出些端倪来。

他们又特别地“大小眼”，喜欢攀权附贵，只是拿到一张交换的名片，就可以装成跟对方很熟。

“融资型”的男人——虚有其表

越是缺点多的男人就越会极力掩饰，甚至把自己塑造成你想要的样子，让你以为跟他在一起前途光明。但是一旦进入这种男人的“魔爪”，他真实的模样立刻就显露出来了。

利用融资来买卖股票的人都知道，这种借钱买股票的行为，很容易因为股市下跌，超过了你借贷的部分，一毛钱都拿不回来。

有些男人就像你买股票的融资一般，经不起耗损：刚开始看是支好股，但是经过“岁月的洗礼”之后，慢慢地就会现出原形来，尤其恰好又遇到市场不佳的状况时，一点儿一点儿地被侵蚀掉本金，最后还得要你自掏腰包来贴现。

“融资型”的男人有些看起来一点儿也不起眼，那温柔敦厚的形象，往往会让你以为他们相当地有前途。在刚开始谈恋爱的时候，他们总会表现出十分忠诚的态度，让你产生一种安全感，以为他失去了你就活不下去。

他们可能刚开始“真的”没有要欺骗你的意图，怪只能怪这样的男人缺点太多，无法承受时间的考验。

婚前的优点在婚后变成缺点

海伦是公司里的一名小职员。她不崇尚名牌或豪宅，从小受到父母的教育，将来要找一个有稳定工作的对象结婚。于是，她认识了当公务员的至汉。

至汉不是那种会花大钱讨她欢心的男人，但是上下班会来接送，假日两个人去爬山、郊游，看似非常体贴而稳定。海伦毫不考虑地很快就嫁给了这个男人。

没想到婚后才是梦魇的开始。她发现，老公虽然是公务员，收入还不错，但是非常小气，完全不肯支付任何家用，小到一把牙刷，大到一组沙发，都得海伦自掏腰包。老公所坚持的理由是：“牙刷只要还能用，为什么要换？没有沙发，去垃圾场捡个椅子来坐，还不是一样。”更离谱的是，他不肯装热水器，觉得浪费瓦斯钱，强迫海伦冬天跟他一样洗冷水澡。

生活习惯的格格不入，让海伦开始抱怨，但所得到的竟是一阵打骂。当对方第一次动手时，海伦简直是吓坏了，连忙逃回娘家。但家人劝和不劝离，希望海伦能再给对方多一些时间。先生也一直苦苦哀求，她才又勉强回家。

但是情况没有好转，反而更糟。海伦没想到自己当初爱上的男人，不仅没有肩膀，而且是个苛刻而且会暴力相向的家伙。

当她终于认清真相要求离婚时，对方却对她丢出一句："我本来就是这个样子，你为什么不能对我宽容一点儿呢？"

没有人会认为自己被打活该，但是爱上一个男人，就会让你扭转正常人的观念，所有理由都可以牵强地说是为了爱，为了勉强维持家庭的完整。

观察对方与家人的互动

越是缺点多的男人就越会在爱情刚开始时极力掩饰，给你无限的期待，蒙蔽了你的直觉。他甚至可以把自己塑造成你想要的样子，让你以为跟他在一起前途一片光明。但是一旦进入这种男人的"魔爪"，他真实的模样立刻就显露出来了。

这样的男人，若认真分析他的性格，可能是过度自卑，从未真正得到过他想要的东西，或是在生活中老是受挫、家庭教育不当，让他们产生了许多偏差的观念。

他们可能在父母的溺爱下成长，认为自己最行，实际上却又无法独立自主。他们早已经被宠坏了，别人如果对他们有意见，便是对方的错，一点儿都不愿意面对事实。如果他有兄弟姐妹的话，去看看他们如何对待自己的手足吧！将来对你也不会差到哪儿去。只有经过这些观察，才能让你避免成为这类男人糟蹋的对象。

你在对男人的生活有足够的了解之前，千万不要对他们的话存有太多的期待。

爱情投资教室

★"融资型"男人的特征

"融资型"的男人都有一个特色，就是体贴有余，但是能力不足。只要生活一发生问题，所有的责任都要另一半去扛。他们常常表现出大男子主义的姿态，却依赖成性，喜欢坐享其成，不愿意先行付出。"错都在别人，不在自己"，他们是标准的自大狂，不管生活事业上表现得有多差，依然是自恋狂。

"融券型"的男人——以榨干他人为己任

脆弱时，千万不要接受任何忽然发生的感情，因为你很容易做出错误的判断。因为一句嘘寒问暖的话，就认为对方是拯救你的英雄，反而会落入有心人设置的圈套里。

在股市里运用借贷来买卖股票的行为，除了融资之外，还有一种叫做"融券"。通常"融券"是用来放空股票的，一般投资大众最讨厌的"秃鹰集团"，就是这样大肆用融券做空，把股价杀得落花流水，让投资人损失惨重。每当他们开香槟庆祝时，就是别人的荷包"大失血"的时候。

而爱情世界里，也有一种行为类似"融券"的"秃鹰型"男人，如果你眼睛不擦亮一点儿，他就会不知不觉地把你户头的数字，变成他口袋里的钞票了。

这些"融券型"的男人，刚开始实在看不出其缺陷。他可能一表人才又多金，开着名牌跑车，头发梳得油亮，看起来很体面。挽着这样的男人走在街上，会引起不少同性嫉妒又羡慕的眼光，让你不禁得意忘形，恨不得昭告天下，天天在姐妹们面前招摇。

这样的男人不是简单的人物，他可能很早就出现在你身边了，以若有似无的情意吊尽你的胃口。他会长时间地用心去观察对象，直到确定你是"值得"下手的冤大头为止。

他在你面前树立的形象跟条件，一定会让你放一百零一个心，因为他看起来不穷也不笨，还有吸引异性目光的独特魅力。但他没有对你那些公主型的女性好友感兴趣，唯独就是中意你，这一点让你觉得骄傲极了，仿佛自尊被打了一剂强心针，而忽略了这男人背后的目的。

当你开始被对方迷得晕头转向时，你就要开始倒霉了！

对你而言，你愿意为对方付出所有，这样就正中他的下怀，因为他就是希望得到你"拥有的一切"，这计划不正是天衣无缝吗？

他爱你，除非你已经一无所有

小怀就遇到了这种“融券型”的男人。她本身条件不差，但是刚从一段不愉快的感情中解脱：那个她以为能与之共同走一辈子的男友竟然背叛她，让她沉浸在沮丧痛苦的情绪中。就在这时候，另一个“他”出现在她的生命中。

她和小白一直是朋友关系，而在她的生命遇到低潮时，他突然跑来告诉她：

“其实我一直在等你。”

这句话让小怀感动不已。

其实小怀对小白的印象一直不错，不过因为知道他身边有一个要好的女友，两个人的交往始终保持着一定的距离。小白在告白的同时，表示跟女友已经分手了，两个人都是单身，毫无牵挂，于是一拍即合。小怀觉得自己真是天底下最幸运的女人。从小白那里，她获得了新的感情抚慰。

“不管你到天涯海角，我都要跟随着你。”这句话出自一个男人之口，更令她觉得情深义重。但是小怀却忽略了，他背后还有未完成的一句：“除非……”

这段“为爱相随”的情感没有像小白口中说的那么伟大，两个人的感情持续了不到一年，直到开始接到银行的催讨电话时，她才惊觉这段感情不知道何时已经变了调。

那个男人榨干了小怀的存款，甚至让她欠下了不少债。等小怀要找他理论时，他就像是人间蒸发了一样，那句还没结尾的伟大爱情告白，最后应该加上一句：

“除非你已经一无所有了……”

别在最脆弱的时候谈感情

当你最感脆弱时，千万不要接受任何忽然发生的感情，这时你很难保持头脑清醒，特别容易做出错误的判断。因为别人简单的一句嘘寒问暖的话，就认为对方是拯救你的英雄、白马王子，反而会落入有心人的圈套。

要知道，股市里的“秃鹰集团”也是专门伺候那些脆弱的、“消息面”不佳的股票的。随便放个风声，就可以惊吓投资人。而大量的抛售会导致股票暴跌，让他们口袋满满。

爱情的疗伤止痛、害怕孤寂，不一定要依附在另一段感情上，还有许多方式可以让你重新恢复元气。爱情世界里太诡谲多变，只有在自己状况最佳时，才有能力去分辨谁才最适合你。

别在情伤还没来得及复原时，又急急忙忙地跳入另一段感情当中，这往往只会加深你的痛楚。

爱情投资教室

★ “融券型”男人挑选“猎物”的条件

1. 善良、容易心软。
2. 男人缘不佳、感情路上坎坷。
3. 标准的“外貌协会”。
4. 天真。
5. 害怕孤独寂寞。

“当冲型”的男人——只想寻求刺激

一位西方哲学家说过：“良心是男人的上帝，但多数男人是没有上帝的，所以他们也没有良心。”这句话用来形容“当冲型”男人再适合不过了。

既然你知道股市里有所谓的融资融券，当你在同一天里使用这两种方式操作同一张股票时，就会把股票高卖低买冲销掉，这就是所谓的“当冲”或是隔天叫做“隔日冲”。这是一种极短线的玩儿法，像是“今日事今日毕”，说穿了，不像是一种投资行为，倒像是纯粹在玩儿一种金钱游戏。

套用在现代的爱情世界里，不也有很多人把它当成一场游戏，比如一夜情、速食爱情等，这样的爱情要的只不过是一个吻、一个拥抱或是一夜温情，就看对方愿不愿意配合了。

如果你把感情看得太认真的话，那么可要小心这种男人，以免被伤了心还要被笑做“呆头鹅”。

有人说男人用下半身思考，女人用上半身思考，“当冲型”男人身上可是把这一点发挥得淋漓尽致。他们的字典里没有“忠诚”这两个字，如果你跟他们谈起“责任”，他们会哈哈大笑，觉得你是活在远古石器时代的人类。在他们的观念里，感情这码事不过就是你情我愿，他不会认为自己曾经给过什么承诺。即使有，他也会告诉对方，那不过是开玩笑的，全都是你想得太多了。

别以为这样的男人你一眼就看得出来，他在面对新鲜的猎物时，可不是表现出一副“嗨！小姐玩玩吗？”的模样。他可能跟一般男生没什么两样，甚至还别出心裁，编出些动人的谎言，比如“你在我眼里就像星星般遥不可及”、“能得到你的青睐，我死而无憾”，等等。听起来是多么地感人啊！他好像费了好大的力气才克服自己害羞的心情，等待公主般的你垂怜。

就像童话故事里爱说谎的动物一样，他们通常都属于鸟类，达到目的之后，便以迅雷不及掩耳的速度开溜，让你抓也抓不住、追也追不着，只能在原地捶胸顿足。

永远只停留在性幻想里的男人

这样的男人不会停留在过去或梦想着未来，他只在乎眼前的欢愉。当然，他们有时候也会说出认真的话，但多半是一时兴起，脱口而出。你最好左耳进，右耳出，不要把这当回事，否则他转过头去不认账是常有的事。这样的男人“幻想力”特别丰富，否则能轻而易举地让女孩儿上钩，一次又一次地猎击成功吗？

如果你有机会听到那些经常在夜店出没的“当冲型”男人的对话，或许就能更了然于心了。

男：“小姐，在你面前我就像癞蛤蟆一样。”

女：“不会吧！看你还人模狗样的。”

男：“谢谢你的抬举，但如果你愿意为我做件事情，我就敢坐到你身边了。”

女：“什么事？”

男：“如果你不接受我一吻，怎么知道我会不会变王子？”

如果这样的状况发生在你身上，你有两种选择：逃命或是遵命，其实结果都是一样的。

“当冲型”男人最爱玩欲擒故纵的游戏，其实在他们心中，“把妹”的过程是没有什么“礼义廉耻”可言的。在目的达到之前，他可以极尽讨好之能事，要他卑躬屈膝甚至跪下来舔对方的脚指头都行。而令女人感到受宠若惊的，也只有这短短的片刻了。

外在条件是他们装饰爱情的工具

一位西方哲学家说过：“良心是男人的上帝，但多数男人是没有上帝的，所以他们也没有良心。”

这句话用来形容“当冲型”男人再适合不过了，正巧可以反应这类男人的心态。说穿了，他们只想把女人弄到手，用来满足他们的欲望，跟同伴们吹嘘。至于后果，就不在他们的考虑范围之内了。

很多男人对于事业非常尽责，在爱情里却完全相反。不要去相信那些事业有成、坐拥财富的男人真的可以为你带来些什么，有时候那些不过是他们用来装饰爱情的工具而已。

当然，也有这种女人，她们喜欢玩这类的爱情游戏，可以和这样的男人一拍即合。但如果你不是，最好还是脚底抹油，走为上策，因为你们对爱情的想法如同天上的乌鸦跟地上的鸵鸟，永远无法比翼双飞。

爱情投资教室

★"当冲型"男人的特权

他们在搭讪时从不胆怯，面对第一次见面的女性可以侃侃而谈。一开始这种男人对你就有过多的褒奖，可是事实上他们却不了解你。他们老是找机会与你有肢体上的接触，试探你的底线。

"飙股型"的男人——昙花一现

爱上"飙股型"的男人，犹如考验人性，让你又爱又恨。当他风光时你爱不释手，一旦真面目显露，又恨自己未能及时下车。当享受着美丽风景时，谁又会考虑到背后的风险呢？

股市里大家最爱问的问题便是："哪里有飙股？"在爱情世界里，女人也很喜欢寻找所谓"飙股型"的男人。他们可能具备些小聪明，忽然间抓住机会飞黄腾达。女人要是碰到这样的男人，总是暗自窃喜自己特别地好运。

股市里的飙股通常属于小型股，也就是资本额小的公司做的股票。他们的成交量不大，因此容易交易。当他们的股票涨起来时，可不像那些大型股"慢郎中"，几乎天天锁涨停板，让想要买的人买不到，只能望股兴叹。而坐在轿上的人呢？其实心情也好不到哪里，兴奋得快心脏病发作了，每天还得提心吊胆，烦恼着什么时候该出场，以免成为最后一只白老鼠。

大家应该都看过烟火，美丽的火花璀璨夺目，但是也会消失在一瞬间。所谓的飙股就类似这样，绽放时一飞冲天，当繁华过去，立刻直线崩落。而在爱情世界里也有一类男人的情况正是这种情况的写照。

这样的男人犹如烟火一般

爱上"飙股型"的男人，犹如考验人性，让你又爱又恨。当他风光时你爱不释手，一旦真面目显露，又恨自己未能及时下车。当享受着美丽风景时，谁又会考虑到背后的风险呢？

"飙股型"的男人之所以会让人恨得牙痒痒的，就在于你永远猜不到他何时会垮台，还以为自己抽到了特等奖，投资到一个足以让你荣华富贵的对象。

这种类型的男人之所以会大起大落，通常跟基础不够稳固有关。他们没有真才实学，充其量属于投机分子。可能一时之间非常地风光，收入也比一般上班族丰厚，但他们的机运就像是演艺人员，暴红来得快，去得也快，大起大落成了注定无法逃避的命运。

为什么这种类型的人在遇到挫折时会一败涂地？这起源于他们对生活总是缺乏规划，也没有长远的眼光，一切美丽的现象发生在他们身上就如幻象一般。他们不懂得留住幸福，只会迷失在繁华中。成功对他们而言，不过是一时的好运而已。

当他们风光时，你可能得到物质却失去他们的踪影；当他们坠落时，你终于占有他们全部的时间，同时物质也消失殆尽。

哪些人堪称“飙股型”的男人

一、靠意外之财致富的男人：可能是刚好继承了一笔遗产，或是靠投资发了一笔横财。

他们个性上的特征：多半言语无趣且肤浅，话说三句脱离不了金钱。他们的见识浅薄，却爱装成什么都懂的样子，一种“有钱就是大爷”的心态。

二、靠关系坐上了高位或是得到一笔偏门生意，成为有权势的男人。

他们依赖别人起家，当靠山不稳时，也一起跌入谷底。

这种男人最会仗势欺人，喜欢耍特权，被同事或同辈们所讨厌排挤。

三、靠利用、欺骗而成就自己的人。

他们冷酷无情，为了自己可以背叛好友，牺牲周遭所有的人，以达到功成名就的目的。和这样的男人在一起，小心有一天你也会成为牺牲的对象。

“飙股型”的男人可以说是标准的利己主义者。他们非常现实，也很自私，为了自己的成功不会在乎别人的感受。当然，他们挑选女人时不是贪求美色就是贪图财富，他们是不可能成为女人长期依靠的对象的。一旦他们发现对方再也没有利用价值时，就会去追求更能给他们带来实质利益的异性。

认清男人的成功是如何而来的，你才能看清楚他们真正的面貌。不要只看到眼前的好处，而让自己成为无辜的牺牲品。

爱情投资教室

★大方的男人未必是“金龟婿”

金钱对这类男人而言，来得容易，去得也快。他们往往出手大方，跟在他们身边的女人常误以为自己真的钓到了“金龟婿”。偏偏他们懂得享受，也懂得如何讨好女人，因此通常都有很好的女人缘。

辑四 换爱的六个征兆

如果你的他是个性软弱、爱乱许承诺……当爱情中出现了这些该被“留校察看”的情况时，你就该变换你挑选男人的眼光了！请将对方列入观察名单，因为你值得拥有更好的！

说话老是放“马后炮”

“马后炮型”的男人毫无担当，可以说是懦弱男人的代名词。只要有重大事情发生，他们一定是“躲为第一”，认为自己不能傻傻地去当炮灰，却因此而失去了不少良机。

股市里通常有远见的人不多，“马后炮”倒是可以装满一卡车。“马后炮型”的投资人往往要到事情发生之后，才会忽然冒出一句“早知道……”或“我就说嘛”，好像自己很聪明似的。其实他知道的都是发生过的事情，不管懊恼还是惋惜都已经太迟了。缺乏前瞻性与眼光让他们永远只能跟在别人屁股后头跑，成为市场的牺牲者跟祭品，沦为股市里的输家。

有一类男人也属于这种“马后炮型”，他们注定就是失败者。投资在这种男人身上，你的前途将充满危机。

“马后炮型”男人的特征

一、“马后炮型”的男人毫无担当，可以说是懦弱男人的代名词。只要有重大事情发生，他们一定是“躲为第一”，认为自己不能傻傻地去当炮灰，却因此而失去了不少良机。缺乏开拓者精神的男人要有所成就，那可比登天还难。

二、他们头脑中充满了灰色思想，看到别人的好，会嗤之以鼻；对不幸的事情，更是落井下石。

三、他们总是会错判情势，不是过度乐观，就是极度悲观。他们的辞典里似乎没有“客观”两个字。

这种男人说穿了，就是缺乏独立思考的能力，很容易受到环境的影响，就像随风摇摆的柳枝，缺乏方向跟定位。

如果幸运，他们会拥有几个好朋友，或许还可以及时拉他们一把。坏就坏在什么样的人吸引什么样的朋友，他们身边多半也充斥着半斤八两的输家。

他们或许还不至于笨到哪去，可惜就是不太习惯用大脑思考。这使他们变得目光短浅，只求眼前的近利，而忽略了之后的危机或是转机。

和这种男人在一起，你会感到疲惫不堪，因为无论你如何大声地嘶吼，总是掩盖不了他身旁群众的声音。一般来说，他比较遵从大部分人的意见，而不是聪明人的意见，所以他的很多决定都是盲从而不可理喻的。

只会为失败找借口

小芳是外商公司的经理，她莫名其妙地爱上了一个职位跟经济条件都不如她的男人。或许是因为男友的憨厚、直率，让看惯了商场上尔虞我诈手段的她，对这个男人的单纯感到特别心动。

两个人交往了一段时间以后，她希望男友能提升自己的条件，好跟她有某种程度上的匹配。于是她建议男友去补习，多考些证照，好增强自己的能力，但是男友却回答她说：

“证照那种东西是骗人的，我不会让那些狡猾的商人赚走我一分一毫。”

没多久“景气”下滑，他看到身边证券行的朋友失业，便认定自己的看法没有错。

“看吧！有证照又怎样，还不是一样失业。”他对女友说。

小芳说不赢他，只能另外替男友想办法。

“听说现在二手市场非常好。我认识一个供应商，你不如去试试看，或许能找到商机。”小芳建议说。

“二手市场？”男友歪了一下头，很不屑地回答，“那不是捡人家剩下的东西吗？这种东西到垃圾场去找就行了，干吗还要花钱买？”

男友没采纳这个意见，反倒是小芳的一个朋友把握了这个机会，结果搞得有声有色，还进军了国外市场。男友这时才感到后悔，连忙又去找小芳，希望能从事这一行。但小芳认识的供应商已经不愿意合作了。小芳的男友情急之下，随便找了另一家合作伙伴，结果却被对方坑了一大笔钱，最后拿到的货还真的是“扔到垃圾场都没人要”。

男友对失败感到受挫，没想到小芳不计较，还在安慰他的时候，却成了男友的出气筒：“你看吧！要不是你鼓励我去做那一行，我今天也不会这么惨！”

这让小芳为之语塞。她似乎看到了和男友黯淡无光的未来，心里头不禁打了个冷战。

“马后炮型”的男人永远不会为成功找理由，只会替失败找借口。如果你不想让自己的生活多个累赘的话，还是离这种男人远一点儿吧！

爱情投资教室

★“马后炮型”的男人累死你

把爱情投资在这种“马后炮型”的男人身上，可要当心这类人成事不足，败事有余。因为缺乏眼光，他们常会成为你生活上的拖油瓶。甚至在你有新的生活规划时向你泼冷水，阻碍你进步，你还得沦为帮他“擦屁股”的角色。

像名嘴一样“舌灿莲花”

跟这样的男人在一起，你很难管得住他。如果你找到一个阻挡他的借口，他会用十个烂理由来还击。到最后，他的能言善辩会变成你们之间吵闹不休的凶手。

有些男人特别爱讲话，也很会讲话，只要话匣子一打开就停不住。他们滔滔不绝地好像很有见识一般，刚开始的确很吸引女方的注意力。但是听多了，你会发现他似乎不像你想象中那么有内涵，而且话说多了，难免出错，经常有自打嘴巴的现象发生。

看那些电视上的股市名嘴，他们可以把死的说成活的，搬出一大套道理来，像念经一样让你听得入神。但是只要照他们的话去买股票、操作股市，几乎有百分之九十九的赔率。一个光说不练的人是不可能成功的。爱讲话的男人就像这些股市名嘴一样，因为花太多时间在讲话上，能做事的时间就变得少之又少了。

男女认识的第一句搭讪，话题通常都是由男生主动挑起，而这类爱说话的男人就是有本事让女性眼睛为之一亮，感到对方格外的不同。不管这男人的外表、性格如何，至少第一关他是毫无疑问地通过的。

嘴巴厉害，但一无是处

小夏当初就是被男友幽默风趣的言谈打动了。刚开始，这男人总是能逗得她笑开怀，比起以前那些追她的木头般的男人，她深信对方一定能给自己的生活增添不少活力。

交往没多久，小夏却经常发现男友手机里有异性朋友传来的短信。她向男友质问，男友却回答她说：

“喔，那都是以前的朋友啦！”

“以前的什么朋友？”

“普通朋友啊！这世界有一半是男的，一半是女的，难道我只能跟这世界的一半人做朋友吗？”

小夏发现自己说不赢他，只好闷不吭声。

直到有一次，小夏活生生逮到他跟一个女的坐在餐厅里。这回，男友又辩解说：“我只是跟她聊聊天而已嘛！又没怎样。”

等气消之后，小夏想想男友说的，似乎有些道理，于是不再追究下去。

最后让小夏认清这个男人的，是在某天晚上，她忽然急性肠胃炎到医院挂急诊，却始终联络不到男友。好不容易电话通了。这时，她躺在床上气若游丝，听到电话那头传来嘈杂的音乐声。

“刚才电话怎么不通?”小夏问。

“我和朋友到夜店喝酒聚会啊！这家夜店在地下室，信号不好，现在是我跑上来抽根烟，才接到你电话的。”男友解释道。

“我现在在急诊室，你快点儿过来。”小夏接着告诉他自己生病的事情。没想到男友只是轻轻地“喔”了一声，停了几秒钟才说：

“我正在帮朋友庆生，走不开。”

“可是我生病耶!”小夏用尽所有的力气嘶吼起来。

“你在医院有医生跟护士照顾你，没问题的啦！”男友一派轻松地说，“你以前不是常说，你是铁打的金刚女战士，没有人打得倒你嘛！”

这时候，这些话听在小夏耳中已经不再是有趣了，而是感到阵阵的“寒风刺骨”。没想到，一直以为风趣幽默的男友，却是天底下最不体贴的男人。现在的他在小夏眼里，除了一张嘴巴厉害之外，几乎已经是一无是处了。

看清这男人后，当晚出院，小夏也同时结束了这段感情。

能言善道成为爱情的致命伤

不只爱讲话，有些男人也的确很会说话，经常带给人幽默风趣的印象。那些话题可能是他从哪里听来，或是在报纸、杂志、电视上看到的笑话，但从他的口中说出来，却让人听得如痴如醉，迷倒不少女性。

刚开始你绝不会认为这男人是个“空包弹”，除非你跟对方相处得够久，才能分辨出真假来。因此，别怀疑，这类男人绝对不会是“乖乖牌”，既然他能让你第一眼就留下好印象，那么，对别的女人也是相同的道理。

这种男人往往是多情的花花公子，因为同样的故事他不可能只讲给一个人听。他需要"舞台"，需要各式各样的听众。如果失去了听众的掌声，那可能要他的命。

因此，他换过一个又一个女人，在她们面前班门弄斧已成为他日常生活中最大的乐趣。

跟这种男人在一起，你很难管得住他。如果你找到一个阻挡他的借口，他会用十个烂理由来还击，让你无法招架。到后来，他的能言善辩会变成你们之间吵闹不休的凶手。

爱情投资教室

★善于言词不代表体贴

爱说话的男人不外乎是想吸引对方的注意，运用障眼法掩饰自己缺乏深度的内在。但是，善于言词并不代表他是个体贴的男人，别让表面的花言巧语给迷惑了，要多观察对方的行为和他说的话是否一致，这才能真正地认清一个人。

行事如同扶不起的阿斗

他们的计划永远停留在蓝图阶段，没有一样可以贯彻执行的。他们通常喜欢画大饼、做白日梦，让女人误以为前途一片光明。但是他们会一错再错，永不悔改，无法从生命中获取教训。

股市里有一种老散户，他们玩股票的年资足以使一个幼童成长为中年人。当那些被他们嗤之以鼻，认为自己“吃过的盐巴都比他们吃过的饭多”的年轻投资人已经利用电脑下单时，那些老人家还痴痴地在证券行的屏幕前打瞌睡，期待一觉醒来自己在股市“万点买”的股票已经解套。

他们一而再、再而三地在股市里上当受骗，却重复犯着同样的错误，从未觉醒。即使真有所谓股市高人想出手相助，恐怕也只会遭到他们的一顿奚落。

有一种男人就像股市的老散户一样，属于扶不起的阿斗类型，任你想尽办法鞭策他，恐怕连鞭子都打断了，他依然沉浸在自己幻想的王国里，一副我行我素的模样。

如果你遇到这类的男人，可得要小心了，稍不留意，他可是会连累你一同沉沦下去的。

他总是抱怨怀才不遇

心心就遇到了这一类的男人。刚开始，这个男人总是在她面前提及许多抱负，好像对未来充满了规划，令心心觉得自己这回真的遇到了一个难得的对象，跟着他肯定是有前途的。

虽然这男人目前只是个小业务员，骑着一辆破摩托车，但是他一再对心心保证，将来绝对能让她坐名车、住豪宅。时间一天天地过去了，男友原本骑的烂车始终都没有换过，工作倒是换了不少，唯一不变的是他口头上挂着的理想抱负。

心心心疼男友“满怀理想”却怀才不遇，于是积极帮男友介绍更好的工作。男友兴冲冲地上班去了，却不到两个月就离职了，这让心心在当初帮忙介绍工作的经理面前感到很难堪。

“那个工作根本不适合我，老板很刁难，同事间又不和。”

男友说了一大堆理由，就是不承认自己有问题。

“不如我自己出来创业吧！”男友这时又说。

心心为了配合男友，把所有的积蓄都拿了出来，当场让男友感动得快掉下泪来。

“我一定不会亏待你的。你对我这么好，为了我们的将来，我一定要认真打拼才行。”男友这么保证说。

不料他把所有的资本在半年内亏光了，还欠地下钱庄不少债务。当心心听到这消息时，气急败坏地跑去质问男友：

“你不是说这次很有把握吗？为什么会把所有的钱赔光？”

男友则回答说：“你那点儿钱哪够，做生意要有足够的周转金。我只是欠运气而已，只要再给我一次机会，我一定会赢回来的。”

心心再一次相信了他，硬着头皮向父母借钱。不过，又是在短短的数月之内被亏光了。

眼见情况是不可能好转了，心心只好痛下决定，和这个男人划清界限。

认清“扶不起的阿斗型”的男人

一、他们的生活永远不会前进，过了两三年回头来看，他们依然没什么长进。

二、他们的计划永远停留在蓝图阶段，没有一样可以贯彻执行的。

三、这种类型的男人通常喜欢画大饼、做白日梦，让女人误以为对方的前途一片光明。

四、他们会一错再错，永不悔改，无法从生命中获取教训。他们不懂得如何追求更好的，却对坏的状况非常有适应能力。

五、万一你被他们动人的计划感动了，先一步行动，那么正合他们的意，他们可以悠哉地在一旁等待，伺机把你的成果全部吃光。

爱情投资教室

★设定“停损点”，及早脱身

有些男人就像沙漏一样，不论多好的东西装进去，都会被他败光。他们总是想做自己能力不及的事，不知道脚踏实地的重要。因此，碰到这种类型的男人，还是及早脱身的好，至少能让你的损失减少，不会继续地扩大下去。

价值观错乱

价值观错乱的人，把金钱当成一种数字游戏。说白了，就是有点儿财大气粗。他们会对别人苛刻，而对自己大方。如果你把感情寄托在这样的人身上，肯定日子不会多好过。

在股票市场里，你经常会看到许多价值观错乱的人。他们看不清金钱真正的意义，把户头里的存款当成数字游戏来玩弄，最后反被那些数字给捉弄了，终日坐立难安、提心吊胆。结果，当然又是造就了一群输家。

有一次，我的一位在单亲家庭里长大的朋友告诉我，他父亲提着一篮菜回家，频频抱怨着现在的菜好贵，一斤都涨了二十几块，然后一屁股坐下，打开电视，赶忙去看他的股票。

朋友往菜篮里看了一眼，然后望着父亲光秃的后脑勺问道：

“爸，你今天的股票怎么样？”

“唉！已经输掉两百万了。”这次父亲的口气反而显得比较冷静，没再多说什么，专注地盯着盘面上的跳动情况。

这让朋友感到啼笑皆非：一个对小钱斤斤计较的人，却心甘情愿地把钱丢在股市里输个一两百万，哼都不哼一声，这种对金钱的看法已经不是正常人的观念了。

我认识的一位老先生，当初是靠买卖房地产起家的。当女儿带着在银行上班的男友回家，告诉他两个人有结婚的打算时，这个老先生用很不屑的口吻“酸”了女儿的男友一句：“你一个月赚多少钱？两万？三万？我一天就可以赚到你半年的薪水了，你凭什么娶我女儿？”

这句话当然把那个男生气走了，而女儿更是气得搬出去住，不想再理这个老爸。

其实那位上班族不需要这么生气，因为女友老爸话中的意思，反过来也可以解释为：他几天内也可能把别人一年辛苦工作的薪水输光。

不懂生活的意义在哪里

上述这两种人都属于价值观错乱的类型，一个是在生活所需的小钱上斤斤计较，却把原本可以带来更舒适生活的大钱孤注一掷；另一个则是忽略了金钱实质上的意义，那是在付出劳力心血之后的等值回报，证明对社会有付出，而非不事生产而得的横财。

正常人应该是对小事不计较，对大事格外地慎重，而且知道金钱的价值不在于账面上的数字，而在于能给自己带来更好的生活条件。价值观错乱的人，把金钱当成一种数字游戏，通常野心很大，说白了就是有点儿财大气粗。财富对他们而言是拿来追求刺激并且可以炫耀的东西。

正因为如此，这类的人通常不会是仁慈的家伙，他们会对别人苛刻，而对自己大方。如果你把感情寄托在这样的人身上，肯定日子不会好过。

不要以为这样的男人不多，其实大部分的人性格上都有着许多盲点，只是有些人不明显。有些人懂得反省，不断修正自己的行为，这些都还算可取的。最怕的是那些自以为是的家伙，他们一意孤行，不听劝告，即使是错了，也毫不在意别人的看法，认为自己聪明得不得了。

这样的男人即使富甲一方，有一定的身份地位，跟在他身边的你也一点儿好处都分不到，甚至可能变得像用人一样替他工作。

目光过于短浅

很多小气的男人都属于这一类。被批评为小气，绝对不是因为这个人节俭，而是斤斤计较金钱的支出，像个守财奴一样，连基本的生活都不顾。如果你看到那些收入稳定的人，却还要像流浪汉一样到小学里抢剩下的营养午餐，你就知道什么叫做“小气”了。

对金钱小气的态度，反映出一个人的性格。相对的，对于许多事情他的心胸都是狭窄的。他们跟“大气”的男人不同，常常会因为短视近利而丧失良机。这就像股市里那些短线客，往往在股市上涨时赚了一点儿小钱，就跑得跟飞一样快。往往最后忍不住，为了一点儿“剩菜”追在最高点，因此赚小赔大通常是这类人无法逃脱的命运。

如果你没擦亮双眼，交到了这种类型的男友，那就得要有心理准备，因为吃苦会有你的份，但是好处你却得不到，你根本无法与他们一起享受到人生的乐趣。

爱情投资教室

★“价值观错乱型”男人的特征

他们的生活散乱无章，对生活少有远大的目标。

短视近利，经常因小失大。

凡事站在自己的立场上，不会顾及他人的感受。

对别人小气，对自己大方，即使偶尔付出，对他而言也只不过是一种施舍而已。

随口乱许承诺

如果你不能看清楚男人承诺背后的意思，就很容易掉入这种骗子所设的陷阱当中。对这种男人，承诺对他而言就像是家常便饭。他从来不会对说过的话认真，更别妄想有实现的可能。

有些男人喜欢对女人甜言蜜语，随口许下承诺，却一点儿也不愿对自己说过的话负责。当对方追究起来，他们就会立刻撇得一干二净。“有吗？我有说过吗？”这句话是他们的口头禅。当你要他们实现诺言时，他们立刻像是得了健忘症一般，被逼急了，还会怪你当初没把话听清楚。

会随便对女人做出承诺的男人，通常都有两种目的：刚开始是为了得到对方的心，接下来就是为了经济跟现实的因素。

这样的男人为了讨女人欢心，什么话都敢说，脸皮厚得像城墙一般刀枪都刺不穿，就连“婚约”都可以随口而出。但是当他们翻起脸来，却比翻书还快。相信这样的画面你一定印象深刻，没错，就是当你不小心把电视遥控器按到最后几台时出现的画面：那些一再跟观众保证“获利无限”的投股老师，就是这种类型的经典代表。他们无须对自己公开的言论负责，一旦加入了会员发现与事实根本不符，这类“老师型”人物还会拿出细小的几乎快在合约上看不到的小字“投资具风险，投资人应善加考虑……”等等字眼来反驳对方。

爱情世界里也充斥着不少这样的骗子，他们名正言顺地拿爱情当挡箭牌，来骗取女人的感情和金钱。

我的一位朋友就是这么不小心掉进了这种人手里。

一谈恋爱就占你便宜

朋友小叶具有不错的学历和工作，唯独感情路上却始终跌跌撞撞的。这或许是因为家庭不完整让她更渴望一份安定的感情，期盼能尽早拥有属于自己的家庭。

直到遇到了“他”，那个愿意给她承诺的男人。

小叶承认自己一开始是被这个男人的才华跟外表所吸引，而自己主动去追求对方的。起初对方身边还有几个亲密的女友，但是小叶完全不放在眼里，认为以自己这么好的条件，不会输给其中任何一个。

她喜欢有意无意地在对方面前表现自己的能力，想要和对方分享自己的一切。就在一天庆祝她升上主管的聚餐中，对方忽然开口接受了她的感情。

"我其实也一直很喜欢你。"对方说，"只是需要点儿时间理清自己的感情。"

"那现在呢？"小叶试探地问。

"现在都清楚了，在我心中只有你一个人。"

这句话使小叶感到像是置身于天堂般的喜悦。

他们终于在一起了，这是小叶盼望已久的。一段时间之后，对方提出同居的建议，理由是当时他的租约到期，房东打算卖掉房子，一时间他无处可去。

虽然小叶有些疑虑，但对方不断地游说，告诉她："反正我们将来迟早要结婚的，住在一起可以更加了解彼此，而且又节省开销，可以为将来作准备。"

听到“结婚”两个字，小叶立刻昏了头，她是多么渴望能有自己的一个家啊！因此她毫不犹豫地点了头。没想到两个人住在一起，才是灾难的开始。

“结婚”成为利用她的幌子

和男友住在一起之后，省是省了，但都是省男友自己的开销，却花她的钱。小叶一下子变得要负担两个人的生活支出，而且自从男友搬进来，他工作的态度也变得消极起来，经常处于失业状态。

有一天，小叶终于受不了了，要他赶快去找份工作。他却告诉小叶，他不是懒得工作，而是和朋友正在计划创业，正在到处筹措资金。小叶乍听之下，心中难免筑起了戒心。

这个狡猾的男人并没有直接开口跟小叶要钱，只是转了个弯说：“我是考虑到我们将来结婚了，我总该给你一个好的生活，你不用再辛苦上班，可以在家里安心当个家庭主妇。”

被他这么一说，小叶马上又心软了，立刻取出所有的存款交到这个男人手上。

不料男人口中的“事业”一再亏损。直到他再度提出要小叶把唯一的房子拿去做贷款抵押时，小叶这次死也不肯答应。

这时男友扔下了一句话：“你连我的死活都不管了，我还要你干吗?”

小叶当场被气得浑身发抖，这才如梦初醒，清楚“结婚”不过是这个男人利用她的一个幌子罢了。

话说得越动听，越是铁石心肠

小叶以各种条件的优势赢得了这场爱情，却也为自己种下了失败的种子。后来她才发觉，这个男人看上的并不是她的人，而是她的财富。不断用承诺来骗取她的一切，最后当他发现再也得不到什么时，立刻翻脸不认人，抛下多年的情感，就这么一走了之。

对方的铁石心肠令小叶感到震惊，也伤透了她的心。

如果你不能看清楚男人承诺背后的意思，就很容易掉入这种骗子所设的陷阱当中。对这种男人，发誓对他而言就像是家常便饭。他从来不会对说过的话认真，更别妄想有实现的可能。就因为许多傻女人吃这一套，才会让这种男人继续不断地撒谎下去。

一个人的承诺必须要实际去执行，以行动来证明话的真假。誓言固然美丽动听，但是依赖那些美丽的言词是无法过日子的，你需要更实际地证明，在一个男人还没做到承诺之前，都应该持保留的态度。

爱情投资教室

★小心乱许承诺的男人

这种类型的男人本身就是非常不负责任的家伙，经常假借结婚的名义来骗取女人的信任。一旦遇到这样的男人，你恐怕会被他们耍得团团转，还以为是自己脑筋真的有问题。

喜欢浑水摸鱼

这样的男人本来就缺乏担当，在他的观念里，好事都有他的份，坏事都是别人的错。只要一碰到麻烦事，他可是跑得比谁都要快。

股市里有种投资人，总是爱跟着“法人”的脚步。当看到报道主力买进什么股票时，便一窝蜂地跟进，想在这里头得到便宜。但是这种投资方法犹如随波逐流，最后会被市场给吞噬。在爱情世界里，也有不少这种“跟屁虫”，他们是毫无主见的男人，没有自己的原则跟主张，老是喜欢依靠别人的意见过活。

跟这种对象交往，当与他意见相左的时候，你要抗争的可不止男友一个人，而是他身旁的一群人。这样的感情怎么会不累呢？

跟这类“浑水摸鱼型”的男人在刚开始交往时，你不会发现有何异样，甚至会以为这个男人非常顺从你，是个难得的好男人。当你想询问他的意见时，他总是这么回答：“你觉得好就好了。”

不过别以为这样就可以放心了，如果你的决定导致不良的后果，他可是会回过头来反咬你一口的：

“当初叫你不要这么做你偏要，后果你自己负责!”

这是这种类型男人经常有的反应。其实你一点儿也不要觉得奇怪，因为这样的男人本来就缺乏担当。在他的观念里，好事都有他的份儿，坏事都是别人的错。只要一碰到麻烦事，他可是跑得比谁都要快。

遇到危险没有担当

有一位朋友就提到她前任男友夸张的行为，这让她后来决定远离对方。

原来，有一次他们到大陆旅游，结果不小心车子抛锚了，两个人被困在杳无人烟的荒漠上，只好提着很重的行李沿着路走。眼看天就快黑了，这时终于来了一辆摩托车。骑车的是位当地人，刚好到外县市办事，正要赶回家。

摩托车只能搭载一个人。没想到朋友还没开口，她男友立刻将她拉到一旁说：“不知道眼前会遇到什么样的问题，不如我先跟他到村子里求救吧！”

“你打算把我一个人留在这里？这就不危险？”

朋友听了之后简直快抓狂了。

“可是你对旅行比较有经验，我则是第一次单独行动……”男友却一点儿也无法体谅女友的立场。

眼见两个人争执不下，那位当地人才好心地建议说：“不如我先回去找，看看有没有人可以来帮你们。”

朋友一听他要走了，连忙跑上前去，丢了一百块人民币给对方。

“你载我走好了，我不想留在这里，因为自私的男人会害死我！”

后来，朋友辗转回到了台湾，她男友也回来了。她不知道他是怎么离开那个地方的，但她也不在乎了！反正就是铁了心不想再见到那个没有担当的男人。

爱面子，实际上却很懦弱

这样的男人不仅会在危急时刻露出真面目，在日常生活里也经常让女性陷入为难的境地。他可能会因为家人而对你产生不同的看法，如果他妈妈、姐姐或妹妹对你有意见，你很难得到对方的支持。可以想象，一旦结了婚，你在家中的地位会怎样。

和这样的男人在一起，你不仅需要非常有担当，还别忘了得讨好他身旁的好友。这种男人耳根子软，经不起他人再三怂恿，朋友的意见多半会成为他的意见，因此你得常常像议会的议长一样，先和他的朋友达成协议，才能得到他肯定的答案。

如果哪一天，你突然得知，自己原来是当初男友跟朋友打赌的搭讪对象，也别感到太诧异！这种男人爱面子，如果没有受到鼓动的话，他是不会随便去追求一个女人的，他的行动多半来自替自己增添光彩的夸耀心理。

如果你已经有了固定的男友，这种男人也特别容易混进来当“第三者”，因为他们总觉得别人的东西更好。因此也得提防许多“三角关系”、“四角恋情”等状况发生在对方身上。他会这么不顾一切地对你展开追求，将来对别人也会是一样。千万不要被他装出来的真情给骗了，否则日后你将陷入他更多的虚情假意里。

当你放弃身边的伴侣，选择了跟这样的男人在一起，哪天吵起架时，他会把当初所做的承诺忘得一干二净，反讽一句："是你自己选择要跟我在一起的，我又没有逼你。"让你有种受骗上当的感觉。

这类男人绝非你可以依赖的对象，你要相信：这样的男人绝对会把两个人的生活，都让你一个人来承担。

爱情投资教室

★"浑水摸鱼型"男人的特征

他们很听家人的话，口头禅是："我妈妈说……"

他们非常容易被朋友影响，朋友的一句话胜过你一百句的辩白。

他们的看法就是——没有看法，凡事都没有责任感。

因为缺乏原则，你可能会有许多情敌，为了他和许多人交恶。

辑五

投资好男人，幸福一辈子！

如何挑选有潜力的男人，享受幸福人生？七大类型优质男人大公开，他们增值抗跌，是爱情市场里的抢手货，也是值得你长期投入爱情的最佳标的，遇到了，千万别错过！

“潜力股型”的男人——爆发力强

不要看不起那些靠男人成功的女人，懂得放一把宝剑在男人手上，让他出门去为自己征战的女人，其实才是最厉害的角色。

潜力股，顾名思义就是埋藏在地底下还没人发现的“钻石”级股票，经常为人所忽略，但是爆发力却很强。一旦时机成熟，那些独具慧眼的投资人就能靠潜力股让身价翻好几倍。

如果你挑选伴侣的眼光精准，能找到类似的“潜力股”，那么在人生中就像是中了特等奖，可以轻松地凭借对方的努力，把你的生活提升到另一种境界。

这就好像做了一场美梦，一夜之间你仿佛是坐上南瓜车的灰姑娘，瞬间成为城堡的女主人。别怀疑，“潜力股型”的男人的确可以改变你的人生，让你过被人称羡的生活。

聪明的女人懂得利用男人，精明的女人更知道如何依赖男人而成功。如果你想不必亲手做羹汤就能有一桌好菜，不想在职场和人斗得你死我活，还得忍受那些暗箭伤人的小人，那么直接跳到“经理夫人”的位置吧！不要看不起那些靠男人成功的女人，懂得放一把宝剑在男人手上，让他出门去为自己征战的女人，其实才是最厉害的角色。

让男人为你征战

小萍是一家公司的总机小姐，她没有很好的学历，通过亲友介绍才好不容易在一家小型企业里谋得职务。

这家公司的业务经理是位标准的女强人，小萍每天看着她穿着高级套装、利落干练的身影，不由得偷偷羡慕。好几次她希望能调到那名女经理的部门，可以跟在对方身边学习，但那个部门的员工不是硕士就是博士，她提出的申请到头来只落得一阵奚落而已。

这家公司刚好有位经常来送货的小业务员，虽然人长得不起眼，却十分勤快，谈吐能立刻令人印象深刻。小萍注意他很久了，觉得这男人有着深藏不露的潜质，于是好几次主动攀谈，有时还特意把公司的消息透露给他。慢慢地，这位业务员也对小萍产生了好感，没多久两个人便开始出双入对了。

小萍原本欣赏的那名女经理，她的作风直率，有时甚至有些咄咄逼人的架势。当她知道小萍和公司往来的业务员有某些“良好的关系”时，开始刻薄地挑剔起小萍，好几次让小萍难过落泪，最后还因此被公司解雇了。

当男友知道小萍遭遇到的麻烦时，他忍住不说，却已经在心里悄悄地计划了。

好男人让你麻雀变凤凰

小萍选到的男友果然不是简单的家伙，他工作没多久，便开始自立门户，小萍便在他的公司里当起了会计。这家公司从只有两三名员工的规模，迅速地扩展。不到三年光景，小萍后来连钞票都不用摸，下面有两位会计任她差使。她几乎是以老板娘的名义，进出这家已经是中等规模的企业了。

有一天，男友兴冲冲地回来告诉她：“你还记得你以前上班的那家公司吗？我已经把那家公司并购下来了。也许你可以帮我想想，该如何安排里头的人事问题。"

男友意有所指，小萍心里也清楚得很。当然，那名女经理已经不用她费心去想该如何处置了，因为此刻她已经如同是她的"顶头上司"了。

挑到一个"潜力股型"的男人，就像搭上了特快列车，带你加速驶往人生的目的地。因为你在起步时就比别人占尽了优势，所以无论你先天的条件如何，都将有人为你安排日后的人生，铺好一条通往财富、名利的康庄大道。

因此，一旦碰到这样的男人，别忘了要积极地争取，拿出强烈的企图心来，无论遇到什么挫折都不离不弃，你所得到的将是丰厚的回报。

爱情投资教室

★ “潜力股型”男人的特征

他们善于交际应对，有生意头脑，手腕灵活，组织能力强，有上进心跟责任感。

他们有猎豹一样的专注力、海龟一样的精神，不达到目的绝不放弃，可以全天候地为事业奉献而毫无怨言。

这些男人通常是业务人才、有才华的人、能言善辩的演讲者、开创型的梦想家。

"绩优股型"的男人——放得越久，赚得越多

有些好男人就像绩优股一般，值得你长期投资，因为他们只会增值，不会贬值。投资于这种男人属于"价值型"投资，时间越长，越可以显现出对方的优点来。

在股市里最轻松而且没有压力的获利投资术就是"买张绩优股来长抱"。绩优股的好处，绝非那些整天在股市里杀进杀出，只看到短期利益的投资人所能体会的。如果你仔细阅读许多财经杂志，里头有许多在股市里真正获取利益的人，都是长期投资绩优股而制胜的。

绩优股之所以经得起市场的考验，是因为它们有着最优良的团队和资产雄厚的公司作后盾。他们不仅在多头市场来临时，能够水涨船高，而且每年还会配股配息，让你的资本增加。

当然，这么好的事情如果是发生在你选择的对象身上，对你的生活也将带来正面的助益，就像顺风而行的帆船，只

要事半功倍就可以实现理想的人生。

具有价值的投资

有些好男人就像绩优股一般，值得你长期投资，因为他们只会增值，不会贬值。你的投资没什么风险，而好处却更为可观。投资于这种男人属于“价值型”投资，时间越长，越可以显出对方的优点来。

“绩优股型”的男人比“潜力股型”的男人更显而易见，不需费太多心思去挖掘，任谁都可以一眼分辨出这种类型的好男人。他们有着许多个性上的优点，有着理想的工作，最重要的是他们懂得自我要求，绝不容许自己退步。

这种男人的成就会随着时间而累积，他们就像爬上金字塔顶端的人，看起来走得缓慢，但终有一天会出类拔萃，离开拥挤的底层生活。

幸福属于头脑清醒的女人

小凤是所有老同学最羡慕的对象，因为她从毕业之后就没有上过班，在学校念书时的寒暑假打工成为她唯一的工作经历。但是她现在却过着悠闲的富太太生活，每天喝下午茶、逛精品店。她是如何办到的？这当然也是靠投资在对的男人身上。

小凤的先生是她在打工时认识的。当时她还是大二的学生，却对自己的未来已有相当的规划。有别于一般女生在年少时的青春浪漫，她很早就清楚自己要的是什么。

胜雄是小凤打工时的公司主管，也是股东之一，是个中等身材、胖胖的男生，走在街上不会有人多看一眼，但是和他相处过的员工都对他印象很好。正因为他为人诚恳又踏实，而且很能设身处地地为别人着想，虽然年纪相差了十岁，但是当胜雄对小凤展开追求时，小凤不顾所有身旁友人的反对，接纳了对方。

其实她很早就看出来，胜雄将来一定很有出息。因此，尽管身边不乏高高帅帅的男生追求，她却一点儿都看不上眼，决定选择这个对事业很有企图心的男人。

毕业后，胜雄的事业果然越做越大，成为百家连锁店的老板，而小凤更名正言顺地当起了富太太，从此不必为工作跟生活烦忧。

看着以前的老同学还在情海里浮沉，有些还为了遇到不好的男人而“人财两失”，那些当初嫌她不够浪漫、不懂得挥霍青春的朋友们，现在都反过头来羡慕死她了。

幸福永远属于那些头脑清醒的女人，因为她们比别人看得更长远，不容易被眼前的假象所迷惑。那些看起来迷人而讨人喜欢的男生，在她们眼中不过是娱乐大众的小丑一般，戏很快将落幕，能留住的欢乐也不长久。

她们太了解，把感情投入那种坐云霄飞车似的爱情，看起来很精彩，却没有任何实质上的意义。因此，容易得到幸福的女人往往比较现实，她们宁可在现实中寻求一点儿浪漫，也不愿在浪漫中失去所有。

“绩优股型”与“飙股型”男人的差异

为什么挑一个“绩优股型”的男人比挑“飙股型”的男人更值得？因为他们不会过度地膨胀自己，而是靠实力来得到相应的回报。一个好人才是不会被市场淘汰的，他们无论何时都会像钻石一样散发出光芒，吸引人们的目光。

无论在事业还是待人处世上，他们都有特别的一套方法，容易受到伙伴们的信赖。由于对自己的要求很高，他们的行为特别地严谨，工作也备受肯定，不只是朋友，也是感情上最能依赖的对象。

一个懂得要求自己的人，当然不会亏待身边的人。"绩优股型"的男人不像那些不断做错事而恳求原谅的男人，他们在行动之前一定先想到后果，因此像暴力、欺瞒这些问题不会出现在他们身上。

和这类男人在一起，能让你放一百二十个心。正因为他们不浮夸，不容易在生活上出错，所以不可能做出对不起你的事情。他们属于好好先生，那是出自于自身良好的品行，别轻易误认为那是软弱的象征。其实这种类型的人反而很有自己的原则跟坚持，只是表现出来的态度不同罢了！

爱情投资教室

★ “绩优股型”男人的特征

他们可能是工程师、设计师、教师、公务人员、企业的负责人。

他们的个性通常是斯文有礼、待人周到、不口出恶言、自我要求很高，属于有自省力的男人。

"货币型"的男人——坚强的靠山

找一个你替他烦恼的男人，还不如找一个能承担你苦恼的男人来得幸福。"货币型"的男人可以让你无后顾之忧，安心过想要的生活，就长期而言绝对是一项很好的投资。

"货币型"的男人简单来说，比"定存型"的男人增值更快，就像投资国际货币，你可以选择利率高的国家，赚差价又可赚利息。投资国际货币是最有保障的，因为除非那个国家"倒了"，你的血汗钱是不会凭空消失的。

有个国家让你靠还怕什么？当然，前提是避开第三世界高风险的国家。

"货币型"的男人当然是资金充裕、不用担心生活，说现实一点儿，他可以成为你经济上的靠山，让你不必为了张罗三餐而烦恼。哪个女人不希望生活上有人照料，不必为了现实生活而四处奔波？或许你认为自给自足最好，经济上不必靠男人，但是有这么一个靠山不也挺不错的嘛！

这样的男人像是你的安全气囊

不要以为你一辈子都不会遇到风险，永远都可以高枕无忧，即使拥有很好的工作职位，或是事业有成的女强人，也会有意外状况产生。或许遭受到欺骗或同事的竞争，让你的名利化为乌有，这时如果有个坚强的靠山，你就不会陷入惶恐和无所适从的危机。除非你有家可以依赖，否则在什么都得靠自己的情况下，能找到个“货币型”的男人倒是一种不错的选择。

小雪刚从国外学成归国，听说当年同样是留学生的浩祥也回来了。浩祥在国外跟她同一个学校，对小雪曾展开积极的追求，但是看起来平凡不起眼的他，却一点儿也引不起小雪的兴趣。这中间小雪换了不少个男朋友，浩祥却始终在她的男友名单之外。

回国后，浩祥依然没有放弃。小雪对这个不讨厌也不喜欢的对象，并没有完全将他拒于门外，两个人始终维持着朋友关系。就在一年之后，小雪的生活起了剧烈的变化。

小雪的父亲因为生意失败，欠下了巨额的债务，让一家人卷入了前所未有的危机当中。当然，小雪无法置身于事外，她必须肩负起家里的债务，这严重地影响了她原本的工作。小雪喜欢目前在艺廊的公关工作，但是想到必须替父亲偿还债务，如果不朝业务方面发展，是很难增加收入的。

就在这时，浩祥适时地出现，解决了她的苦恼。

"没关系，你就放心做你的工作，钱的事情我来替你想办法。"

"可是……"小雪想到她跟浩祥只是普通朋友关系，要让他帮这么大的忙，似乎有些超限。为了金钱，难道她得"出卖"自己吗？

浩祥看出了她的疑虑。为了让她放心，他说："就当是老朋友一场了，你不要多想，我不是用金钱来交换你的感情，只希望你能记住有我这么一个好友就行了。"

小雪听完之后非常感动，也慢慢看清了这个男人对她的好。有了他的帮忙，小雪全家人的生活又回到了正轨，小雪也能继续做她喜欢的工作了。几年之后，她终于接纳了这个男人。

经过这个事件，她终于认清了身边这个好男人，并且为他之前一直被自己所忽略而感到后悔！

找一个能承担你苦恼的他

女人经常眼光放得太高，喜欢那种第一眼看起来就是人人称羡的对象，因此往往让自己看走了眼。常常有人要问："爱情和面包哪一个重要？"其实不如反问自己："如果连面包都不存在了，你想爱情还能持续'发酵'吗？"

你不需要为钱去爱上一个男人，但是当一个男人可以为了你，连金钱都不在乎时，这样的男人对你是真心诚意、完全奉献的。

找一个让你替他烦恼的男人，还不如找一个能承担你苦恼的男人来得幸福。"货币型"的男人可以让你的生活得到保障，让你无后顾之忧，安心地过想要的生活，就长期而言，绝对是一项很好的投资。

爱情投资教室

★"货币型"男人的特征

拥有家族事业，而且愿意吃苦耐劳的男人。

白手起家，拥有自己的事业。

他不一定各方面都符合你的要求，却能在你遇到危难时，愿意出手相救。

“定存型”的男人——让你高枕无忧

或许你会认为可靠的男人最无聊，但在爱情世界中，有时老实呆板也是一项不错的投资呢！就像慢慢地存钱一样，虽不至于让你大富大贵，却可以让你长期有保障。

有一种男人像“定存”，需要慢慢地去累积资产，看起来有些无趣，没有什么特别的优点，也没有什么缺点好让你担心。或许你会嫌这样的爱情平淡而乏味，但是如果你经历过大风大浪的爱情，就能体会出这种男人的好了。

记得有本爱情书里写道：“女人需要停泊的港湾。”当你害怕、疲惫时，谁是可以依靠的对象？没错，就是这种“定存型”的男人。他们看似呆板又无趣的缺点，换另外一个角度来想也是优点，这往往是现代人最缺乏的品行呢！

不可爱的爱情往往带来“奇迹”

速食爱情的蔓延、风花雪月的对谈，这些都只能吸引一时，无法建立长久的关系。让你狂欢、让你悲歌的男人，终究无法换得一场幸福。长时间陷入那种戏剧化的爱情，只会让人感到疲惫不堪。

现代人渴望的爱情，反而是一种最漂泊的感情。刺激的爱情或许短时间给你的生活带来愉悦，却经常让生命留下创伤。当你伤痕累累时，往回一看，会发现自己浪费了许多青春，错失了成长的机会。

如果你有这种领悟的话，“定存型”男人绝对是你最好的选择，给你的生活带来安定，谁说这不是另一种爱情产生的助力呢？

小倩在大学快要毕业时，紧紧地抓住了一个对象，对方是经常来旁听的泰伟。泰伟长得其貌不扬，还戴了副厚厚的眼镜，总是安安静静地坐在教室的一角。大四旁听了一年，许多小倩的同班同学都还不知道有这号人物呢！

但小倩就是慧眼独具，觉得这样的男生很有上进心，看他对男女之间追逐的游戏似乎一点儿兴趣都没有，这让听多了朋友之间爱情故事的小倩感到很特别。

之前小倩因为男友劈腿而分手，原以为这件事情严重得不得了，后来听同学说才知道，几乎没有男女朋友不发生这类的问题。但是泰伟就不一样了，他属于乖乖牌的书呆子类型，当他听小倩提起有关“劈腿”的问题时，竟然还傻傻地反问道：

“人有必要活得这么累吗？”

他看起来呆板，但是每次话一出口却常常叫小倩笑翻，觉得这人简直跟“史前动物”没什么两样。但是“古代人”的思想未必是没好处的，此后小倩根本不需要担心她跟对方的爱情会介入第三者，因为男友跟小倩提到的初恋对象，竟然是小学时代的邻居女孩。这男人似乎对女人就是少根筋，有像小倩一样漂亮的女友他已经相当满足了。

一路走来的平凡幸福

毕业之后，心无旁骛的男友很快地存钱买了房子，让小倩在生活上无后顾之忧。在这中间听说同学和男友分手、又交了新男友、又分手的故事一箩筐，她反而更珍惜这个一路陪伴她走来的平凡男友，虽然他不会说好听的话，但是他了解她的一切。

"这有什么不好的，人需要长期相处才能相互了解。我终于了解到，呆板其实也是他的优点之一。"小倩对朋友这么宣扬着。

或许你会认为可靠的男人最无聊，无聊到你把他放在打开的保险柜里都没人偷。

但是你可以创造趣味啊！谁说你必须依赖对方的取悦？重要的还是对方的人品，能给你带来安定的感情生活。在爱情世界中，有时老实呆板也是一项不错的投资呢！就像慢慢地存钱一样，虽不至于让你大富大贵，却可以让你长期有保障。

爱情投资教室

★ “定存型”男人的特征

他们谈吐温吞，个性老实木讷，不喜欢追求流行，喜欢平淡的生活。

他们性情稳定、坚守原则、具有恒心和毅力。或许他们不够聪明，甚至有时候看起来相当固执，却不易上当受骗，让你免除生活上的风险。

"共同基金型"的男人——有如倒吃甘蔗

宁可在不好的状况下找到值得投资的标的，也不要在情况大好时和别人一块儿挤破头，这样成功的概率会比别人高出数倍。

稳健的投资人在选择金融商品时，通常最大的目标不是在追求数倍的暴利，而是能打败通货膨胀，超过定存利率，让财富不会因为时间而折损，所谓的"共同基金"就是最佳选择。共同基金还有一项好处，就是可以定期定额，在经济环境不佳的时候持续买进，一旦经济反转时便抛售，你将会是大赢家。

定期定额的共同基金投资，就如同倒吃甘蔗般让你尝到渐入佳境的甜头。不过这样的投资，往往是在市场最低迷的状况下进场才有利润可图。对男人也是这样，以投资"共同基金"般的精神，看准对方的潜力，在对方最不好的情况下，做他得力的另一半而给予他支持，相信未来你也会得到相当丰厚的回报。

成功是留给有耐心的人的

青青来自一个穷苦的家庭，在父母亲离异之后，她更是感受到经济上的沉重负担。为了帮助家里，她高中毕业后便来到都市里工作。

在繁华的花花世界里，青青刚开始也为自己出身的寒酸自卑过。看到别人开车而自己只能走路去搭公车；每当节庆时餐厅里挤满了幸福的人影，而自己只能在门外流连，她既羡慕又感慨。

但很快地，她挥别那些灰涩的心情，决心给自己不一样的未来。她改变命运的机会，在于店里经常出现的一名客户阿雄。阿雄当时只是一名医学院的学生，家境并不富裕的他正好跟家里闹别扭，徘徊在继续升学与放弃学业之间，整个人看起来非常失意落魄。

青青当然知道这样的男人背后隐藏的机会，她适时地扮演起阿雄的心理辅导师，慢慢地获得了对方的信任，很快地成为阿雄最依赖的“好朋友”。没多久，两个人就在一起了。在青青的鼓励下，阿雄继续自己的学业，和家人破裂的关系也逐渐弥补了。

直到阿雄毕业前，青青花了数年时间投资在他身上，无论是感情还是生活都给予了他最大的支持。终于熬出头的一天，是在阿雄毕业进入医院工作后，青青顺理成章地当起了人人羡慕的"医生娘"。

这当中虽然历经阿雄家人的反对，但是在阿雄的坚持下，家人最后还是让步了，这都要靠青青以时间跟关怀得到阿雄全部的信赖。青青的命运因为阿雄全然地改变，这完全在于她做对了一项投资，攸关她未来的投资，就是她选择的伴侣。

成功是留给有耐心的人的。放在感情世界里也是一样，有些人具有发展潜力，只是时运不济，而让生活陷入了低潮。好人终究不会被埋没，就看你有没有这样的眼光，可以在芸芸众生中找到那些具有前瞻性的男人，这也将会是最佳的"投资"对象。

这种爱情像是命运共同体

宁可在不好的状况下找到值得投资的标的，也不要在情况大好时和别人一块儿挤破头，这样成功的概率会比别人高出数倍。

常人所谓“锦上添花者众，雪中送炭者稀有”，如果你能在别人最需要时给予温暖，相信对方一定一辈子都会记在心上，不会忘了你的。每个人都会珍惜和自己一路走来的伴侣，尤其是经过一些风雨，会让感情更显得坚贞。只是你的付出要在关键时刻，也要放在对的人身上，就当做是一项“定期定额”的投资，你从低点买进，总比高点买进获利来得多。

好的爱情是需要条件来配合的。不是每个人都有良好的背景跟条件可以跟多数的女人竞争，因此当你的立足点不够强势时，就需要一些手段跟小技巧，来达到目的。

每个人都有权利去追求幸福，关键在于你何时出手。你要把更多的耐心放在那个对的男人身上，假以时日，必然能获得美好的生活。

爱情投资教室

★"共同基金型"男人的特征

这种类型的男人诚恳、有责任感，愿意跟另一半分享他的全部。

他不是一飞冲天型的人物，却肯努力，让你们的生活渐入佳境。

“黄金价值型”的男人——增值抗跌

一个男人的成就往往跟他的经济条件成正比。选择这样的男人证明了你的好眼光，能得到这样的伴侣更是突显出你比别人优秀。你唯一要冒的风险，只是来自身边的闲言碎语而已。

黄金等同于现金，甚至比钞票还好用，它就像世界通行的货币一般，不会因为到了不同的国度而失效。过去黄金还被当成逃难时的“保命符”，即使经过了好几个世纪，黄金依然保有它的身价，甚至金融海啸来临也无法摧毁它的价值。

所谓“黄金价值型”的男人，顾名思义就是一个有价值的单身汉。和这样的男人在一起，你马上就跳过了一些必须吃苦的阶段，因为当你遇到这种男人时，他已经稍有成就了，事业基础也很稳固，等于是“捡现成的便宜”。

如果能投资在具有黄金般价值的男人身上，那么就等于替未来生活找到了保障，“幸福”已经先铺好了红色地毯等待着你了。

他需要优秀的女人来搭配

别以为选择这一种男人太过"铜臭味"，有钱的男人不一定代表没有品位。很多时候，一个男人的成就往往跟他的经济条件成正比。选择这样的男人也证明了你的好眼光，能得到这样的伴侣更是突显出你比别人更优秀。

你唯一要冒的风险，只是来自身边的闲言碎语而已。

不要被那些嫉妒的言语所影响。真正有价值的单身男人，身边一定充斥着不少梦想飞上枝头当凤凰的女人们，生活肯定不寂寞。正因为这样的男人并不多见，"粥多僧少"的情况下，可想而知，你的竞争对手也不在少数，难怪那些具有攻击意味的话语会满天飞了。

不要因为别人嫉妒的话语而感到受伤，更不必因为希望渺茫而气馁，任何珍贵的东西，都不会是轻易能获得的。越是困难，你越应该拿出排除万难的冒险家精神，和你理想的对象周旋。

或者这里可以给你一个灵感：很多事情等久了就是你的，

只要你愿意多花心思，抱着不离不弃的心态，都能够有机会实现你的梦想。

不离不弃，等久了就是你的

思祺在大学时代便结识了家境优越的某企业家的后代庆忠。虽然不是独子，但对方父母对每个孩子都极尽栽培，希望将来能成为事业的接班人。

庆忠在这样的环境中长大，生活得无忧无虑，求学时自然得到不少女同学的青睐。思祺知道自己在外表、学业上争不过别人，只能默默地守在庆忠身边，当他最好的一位朋友。

幸好庆忠似乎有着自己的目标，也不想在大学时期太早定下来，因此他的几段恋情都无疾而终。这当然正合思祺的意，最后只剩下她一直陪伴在他身边。即使只是朋友身份，思祺也已经相当满意目前的状况了。

大学毕业后，思祺很快就找到了一份不错的工作。这时庆忠却告诉她，他必须出国攻读硕士，并且询问她的意见。思祺为这事开始左右为难了起来，她当然很想跟着庆忠出国，但眼前好不容易找到的工作又蛮吸引她的。

最后，她做出了决定，还是宁可暂时放下工作，随着庆忠出国进修去。她的理由是，自己的年纪还轻，工作可以回国后再找，但是条件这么好的对象一旦失去了，要再遇到就不容易了。

当然，思祺的死心塌地不是没有回报的，在国外求学这两年，异乡的孤寂更让他们彼此紧紧相依，庆忠终于接受了这个一直视为好友的女孩。两个人不顾父母的反对，在国外私订了终身。虽然，起初不如思祺所预料的，庆忠因为婚事和家人闹僵了，并未回到家族企业发展，但是优秀的他，依然在国外闯出了一片天。随着时间的推移，他家里也逐渐接纳了思祺这个媳妇。

幸福的女人一定被嫉妒

在追求幸福的过程中，你需要坚强的毅力。难得到的爱情，不妨将它视为生命中的一项挑战。千万不要被他人的冷言冷语击溃了，那些人不过是“酸葡萄”的心态。

哪一个幸福的女人不被嫉妒呢？如果没有人嫉妒你的话，那还代表你没有令人羡慕的地方呢！

要知道，那些实力雄厚的男人更需要懂得他的女人，而你只是正好符合了这样的条件而已。黄金般价值的男人，绝对值得你锲而不舍地追逐，直到拥有为止。

爱情投资教室

★“黄金价值型”男人的特征

具有优越的家世背景、良好的教养。

他们是彬彬有礼的绅士，懂得尊重女性，清楚自己未来的目标，具有上进心跟聪明才智。

"主力大户型"的男人——大气宏观

与其跟富有的小气男人在一起，还不如选择一个目前平凡却很大气的男人，因为他的成就迟早会超越小气的家伙，且不吝啬与你共享他打下的江山。

投资市场里的主力大户通常都是精明的赢家，他们会伺机出手，不像一般小散户那样汲汲于那些蝇头小利。因此他们不容易受到媒体或消息的左右，他们有自己的一套"制胜绝学"，只要市场出现大幅波动，他们通常都能海捞一票。

这种类型的投资人通常都具有冷静的思维跟清醒的头脑，他们不会出手在最高点，也不会买到最低点，中间最肥美的一段利润才是他们想要的，因此他们很少会犯下跟散户一样追高杀低的错误。具有这种主力大户特性的男人，想必一定是值得托付的对象，如果能投资在这类男人身上，绝对是万无一失的。

"主力大户型"的男人指的不一定是那些有钱人，而是大气的男人。因为有独到的眼光与坚守原则，他们的未来不容小看。

“主力大户型”男人的好处

大气的男人具备宏观的眼光，他谨守本分，决不会轻易做出决定，除非经过审慎的考量。跟着这样的男人，你可以放一百二十个心，无须担心对方会拖垮你的生活。他们反而会帮助你，将你的生活带入另一层境界。

大气的男人跟小气的男人是两种极端类型，前者看的是长远。而小气的男人则注重眼前的利益，因为目光短浅，对身旁的人也显得非常苛刻，即使他坐拥金山银山，你也别想分到一杯羹。我看过那些身价千万的男人，对于乞丐连十块钱都不愿施舍，兄弟以捡破烂为生好像也不关他的事，这种男人才是你应该避之唯恐不及的。

要区分出这两种男人的不同相当容易，无论他们现在富有还是贫穷，从言谈之间都是可以看出些端倪的。

万一遇上了这样的男人，不管他是正处于发展中还是才刚开始要起步，可千万不要错失了机会，就像我的一个朋友说的“像老鹰一样将他紧紧地抓住就对了”。

即使刚开始你跟他一起吃点儿苦，也不算什么，因为好戏在后头。任何成就大事业的人，都是从风雨中度过的，没有人一开始就春风得意、一帆风顺，经过一些波折往往让他们更容易接近成功。要对这样的男人有信心，也就是对你投资的眼光胸有成竹，相信一定会给你带来好运。

如何抓住“主力大户型”男人

与其跟富有的小气男人在一起，还不如选择一个目前平凡却很大气的男人，因为他的成就迟早会超越小气的家伙，且不吝啬与你共享他打下的江山。

一个男人的气度决定他的高度，有魄力的男人即使其貌不扬，谈吐却能让人眼睛为之一亮。因为他天生的性格，对身旁的人也会有同等的心态，绝不会因为后来的功成名就而嫌弃原本的伴侣。

当然，这种男人大家都爱，你必须独具慧眼，在他事业刚起步时，就已经开始投资感情在对方身上，才能成为那个成功男人背后的女人，想要等他有所成就再来爱他就太迟了。

这样的男人需要好女人来匹配，为了让对方没有后顾之忧，你千万不要老是给对方找麻烦，阻碍他专心打拼。要想得到这样的男人，除了你的好眼光之外，还要有自我约束力，别走马观花，以免折损了好不容易得来的“机运”。

爱情投资教室

★"主力大户型"男人的特征

这种男人多半沉稳、内敛。他们对于异性不多加批评，但是对方的行为都看在眼里。他们会思考与对方未来的可能性。

因此，别让这类男人认为你只是随便玩玩，或是感情上不够坚定，即使你原本就是这样的女人。但是为了这项"丰厚的投资"，改变自己是绝对值得的：收集再多瑰丽的石头，也比不上收藏一颗小小的钻石来得可贵吧！